国粹图典

色彩

读图时代

国粹图典 色彩

鸿洋 编著

中国画报出版社·北京

图书在版编目（CIP）数据

色彩 / 鸿洋编著. -- 北京：中国画报出版社，2016.9
（国粹图典）
ISBN 978-7-5146-1362-9

Ⅰ. ①色… Ⅱ. ①鸿… Ⅲ. ①色彩－中国－古代－图集 Ⅳ. ①J063-64

中国版本图书馆CIP数据核字（2016）第224507号

国粹图典：色彩

鸿洋 编著

出 版 人：于九涛
责任编辑：郭翠青
助理编辑：魏姗姗
责任印制：焦　洋
出版发行：中国画报出版社
　　　　　（中国北京市海淀区车公庄西路33号　邮编：100048）
开　　本：16开（787mm×1092mm）
印　　张：10
字　　数：168千字
版　　次：2016年9月第1版　2016年9月第1次印刷
印　　刷：北京博海升彩色印刷有限公司
定　　价：35.00元

总编室兼传真：010-88417359　　版权部：010-88417359
发行部：010-68469781　　010-68414683（传真）

前言

　　中国的传统色彩文化是中国传统文化的重要组成部分。中华民族是世界上较早懂得使用色彩的民族之一，很早就确立了色彩结构，以黄、青、赤、黑、白五色为正色，与五行中的土、木、火、水、金相联系，把中国人关于自然宇宙、伦理、哲学等多种观念融入色彩中，形成独树一帜的中国色彩文化。

　　中国传统色彩是各个时期的政治、经济、社会生活、民俗风情，以及思想观念和审美情趣的反映，内涵丰富，应用范围极其广泛。中国的建筑、服饰、绘画、雕刻、瓷器、漆器、剪纸等传统艺术的方方面面，都离不开色彩的装饰。

　　本书以图鉴的形式，对中国传统色彩进行整理、汇编，对各种色彩的产生、特点、应用、文化内涵等进行讲解，系统、全面地展现中国传统色彩文化，便于读者直观地了解中国传统色彩知识，感受传统色彩之美。

目 录

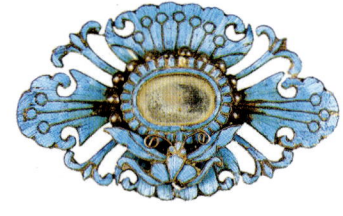

一 中国红 …………………………… 1
　　大红 …………………………… 3
　　朱红 …………………………… 5
　　浅粉 …………………………… 9
　　粉红 …………………………… 9
　　水红 …………………………… 9
　　桃红 …………………………… 11
　　妃色 …………………………… 13
　　珊瑚红 ………………………… 13
　　石榴红 ………………………… 14
　　猩红 …………………………… 17
　　铅丹色 ………………………… 17
　　胭脂红 ………………………… 18
　　豇豆红 ………………………… 20
　　洋红 …………………………… 21
　　银红 …………………………… 23
　　海棠红 ………………………… 25
　　樱桃色 ………………………… 25
　　嫣红 …………………………… 26
　　玫瑰红 ………………………… 26
　　砖红 …………………………… 27
　　茜色 …………………………… 29
　　赫赤 …………………………… 29
　　铁锈红 ………………………… 31
　　殷红 …………………………… 31
　　豆沙色 ………………………… 32
　　绛紫 …………………………… 32
　　长春色 ………………………… 33
　　檀色 …………………………… 35
　　栗色 …………………………… 35
　　茶色 …………………………… 36
　　棕色 …………………………… 37
　　棕褐 …………………………… 37
　　枣红 …………………………… 38
　　杏红 …………………………… 38

二 琉璃黄 …………………………… 39
　　樱草色 ………………………… 41
　　鹅黄 …………………………… 41
　　蛋黄 …………………………… 43
　　藤黄 …………………………… 43
　　米黄 …………………………… 44
　　栀黄 …………………………… 44
　　橘黄 …………………………… 47
　　橙黄 …………………………… 47
　　杏黄 …………………………… 48
　　明黄 …………………………… 49
　　蜜合色 ………………………… 51
　　姜黄 …………………………… 51
　　黄栌色 ………………………… 51
　　枯黄 …………………………… 53

棕黑	53
土黄	54
秋香色	54
昏黄	57
棕黄	57
琥珀色	57
赭色	58
苍黄	58
驼色	59
秋色	60

三 国槐绿 …………………………… 61

浅绿	63
梅子青	63
艾绿	63
葱黄	65
葱绿	65
豆绿	65
芽绿	67
嫩绿	67
油绿	69
棕绿	69
草绿	71
青翠色	73
湖绿	74
翡翠色	74
柳绿	75
竹青	75
白青	77
粉绿	77

蟹壳青	77
鸭蛋青	78
青碧	78
碧绿	78
深绿	79
松花色	79
松柏绿	79
苍翠	80
秘色	80
孔雀绿	81
黛绿	82
铜绿	82

四 青花蓝 …………………………… 83

碧蓝	85
天蓝	85
水蓝	86
粉蓝	86
浅蓝	87
苍青	87
淡青	87
灰蓝	91
绀蓝	92
群青	92
琉璃色	93
宝蓝	95
藏蓝	95
孔雀蓝	96
鸦青	97
石青	98
绀色	99
黛蓝	100
靛蓝	100

五	富贵紫	101
	丁香色	103
	藕合色	103
	淡紫	105
	雪青	106
	楝色	106
	紫藤色	106
	黛紫	107
	绀紫	107
	青莲	108
	紫草色	109
	紫檀色	109
	葡萄色	110
	紫棠	110
六	水墨黑	111
	烟煤色	113
	墨色	113
	黛色	114
	玄青	117
	玄色	117
	黧	118
	漆黑	118
	黝色	119
	乌色	119
	缁色	120
	皂色	120
七	玉脂白	121
	茶白	123
	雪白	123
	霜色	123
	苍白	123
	粉白	125
	月白	125
	铅白	127
	胡粉色	127
	缟色	127
	鱼肚白	128
	乳白	128
	象牙白	128
八	长城灰	129
	浅灰	131
	银鼠色	131
	苍色	131
	灰鼠色	133
	墨灰	133
	藕灰	134
	铅色	134
九	奢华金	135
	紫赤金色	137
	田赤金色	137
	黄金色	138
十	雪花银	139
	老银色	141
	银白	143
附录		**144**

一

中国红

  红色，几乎是中国的代表色。古代的中国人，从洞房花烛，到金榜题名，从衣装到住所，尚红的习俗随处可见。红色象征着吉祥、喜庆、积极、热情、勇敢和正义。

  红色最早来自于先人们对于太阳与火种的膜拜，五行中的火对应的颜色便是红色。在京剧脸谱中，红色代表的是忠贞、英勇、庄严威武的人物性格。红色染料最早是从矿物颜料如赤铁矿粉末和朱砂中提取的，到周朝开始使用植物染料，从茜草、红花、苏芳等植物中提取。

灯笼的历史源远流长，中国的灯笼是世界上发明最早的便携照明工具。在中国人眼中，大红灯笼象征着合家团圆、事业兴旺、红红火火，象征着幸福、光明、活力、圆满与富贵

大红

大红也叫"正红",古代还称之为"绛"。东汉许慎的《说文解字》中曰:"绛,大赤也。"指的就是大红色。明代宋应星的《天工开物》中有对大红色料制作的记载:"其质红花饼一味,用乌梅水煎出,又用碱水澄数次。或稻槁灰代碱,功用亦同。澄得多次,色则鲜甚……"大红的色彩饱和度很高,中国人认为这是吉祥、喜庆的颜色。

周朝时,男子以穿大红衣裳为贵,《诗经·豳风·七月》载:"我朱孔阳,为公子裳。"清代《大清会典》中规定:皇帝在天坛祭祀时必须穿红色的朝服。在曹雪芹的《红楼梦》中,贾宝玉从冠上的大红绒球到红色箭袖,再到厚底红靴,穿戴上均离不开红色。

在中国古代的婚庆习俗中,不论是皇亲贵戚还是平民百姓,新婚男女们都讲究身穿红衣红衫,这种风俗一直沿袭至今。人们逢年过节也离不了红色:门口贴的春联、挂的灯笼、贴的福字和窗花,以及装压岁钱的红包,和孩子们眉心点的红点……

剪纸《连年有余》

剪纸又叫刻纸、窗花或剪画,是民间最为流行的传统装饰艺术之一,有着悠久的历史。各地剪纸多用大红色纸为材料,颜色明亮鲜艳,适用于婚庆、年节等各种喜庆的活动中

国粹图典 色彩

巍峨的皇城城墙

高高的城墙由砖砌成，上涂朱红色，墙上的角楼顶覆黄琉璃瓦

朱红

朱红是红色中稍带黄色,也叫"朱色""真朱色"。古时是以天然矿物朱砂所制成。朱砂也称"辰砂""朱丹"。古人为了将其与用红土作为原料的"赭"相区分,称之为"真朱色"。朱红色在古代是正色,在汉代的阴阳五行论中,朱色象征朱雀,指南方。皇帝批阅奏章都是使用朱笔,故而谓之"朱批"。皇宫建筑也是以朱红色装饰宫墙。唐代在服饰的色彩方面曾有规定,五品官员以"朱"色为常服。

朱红色的大门楼

朱红色常常作为权贵的象征,为了显示财富地位,有钱有势的人家往往将自家的大门漆成朱红色,杜甫有诗云:"朱门酒肉臭,路有冻死骨"

戏曲《贵妃醉酒》中的杨贵妃

脸谱色彩的含义

京剧脸谱以色定调,根据人物的性格、经历或场景而采用不同的色彩,用色十分讲究。不同色彩在不同的图案脸谱轮廓里的运用,可以将人物的忠奸、美丑、善恶、尊卑直接展现出来。

红色:忠勇侠义,如关羽、常遇春。
黑色:铁面无私,刚烈直爽,如包拯、李逵、张飞。
白色:阴险奸诈,如曹操、司马懿。
蓝色:粗犷骁勇、桀骜不驯,如单雄信、窦尔敦。
绿色:鲁莽强横,如程咬金、公孙胜。
黄色:剽悍凶残、诡计多端,如典韦、庞涓。
紫色:忠贞耿直、果断沉稳,如廉颇、庞统。
金色:虚幻之感,多用于神、佛、鬼怪,如二郎神、金钱豹。

泥塑脸谱

京剧绢人

浅粉

浅粉色是一种淡淡的红，近乎白色，犹如婴儿娇嫩的双颊。这种柔美的色彩常常用于豆蔻少女，象征稚嫩、天真、纯洁。

粉红

粉红色也叫"妃红色""杨妃色"或"湘妃色"等，是由红色和白色混合而成的颜色。在清代的粉彩瓷中多使用这种色，具有清雅脱俗之美。

水红

水红色比红色浅而又比粉红色略深，色彩感觉比较鲜艳。在古代，年轻女子多喜欢穿着这种色彩的服饰。

山东潍坊年画《映日荷花别样红》

绚烂绽放的桃花

桃红

桃红色，顾名思义就是桃花的颜色，如四五月间盛开的桃花。这是一种俏丽而娇媚的色，古人常用来形容女子："朱唇一点桃花殷"，"鲜肤胜粉白，慢脸若桃红"。据记载，杨贵妃"每至汗出，红腻而多香，或拭之于巾帕之上，其色如桃红也"。清代时，桃红色的洒花袄在贵族妇女间一度很流行。

昆曲人物

昆曲产生于元末明初江苏昆山一带。昆剧服装基本以明代生活服饰为原型，服饰色彩淡雅，妆容自然清淡

景德镇水点桃花瓷器

"水点桃花"是一种瓷绘技法，由近代景德镇陶瓷史上著名的"珠山八友"之一刘雨岑所创。"水点桃花"用含料的水笔点出，笔墨纤细，设色雅丽，格调清逸，图案清新，活泼自然

妃色

妃色是一种淡红色，"妃"古时也同"绯"，但妃色较淡而绯色稍深，常常用来形容女孩微微泛红的脸颊。唐玄宗就曾以"妃色"来描述杨贵妃的醉颜。

妃色带有内敛而含蓄的色彩感觉，古代的闺中小姐喜穿此色的服装。

胡服美人图（唐）

珊瑚红

珊瑚红是一种珊瑚般鲜艳的赤橙色。珊瑚是一种产自海底的有机宝石，来自于一种叫"珊瑚虫"的海生腔肠动物。珊瑚虫自白色幼虫阶段便附着生长在先辈珊瑚的石灰质遗骨堆上，由于在生长过程中不断吸收海水中的氧化铁而形成了红色。古时常将红色珊瑚研成粉末作为颜料使用。清代《芥子园画谱》的《画学浅说》载："唐画中有一种红色，历久不变，鲜如朝日，此珊瑚屑也。宣和内衬印色亦多用之。"另外珊瑚还作为装饰品使用，颜色越红越贵重。

珊瑚暗八仙葫芦瓶

石榴红

石榴红因类似石榴花的颜色而得名。此色明度和纯度都比较高,带有一种美艳娇嫩的色彩感觉。在唐代,石榴红色的裙子很受年轻女子的青睐,有"眉黛夺将萱草色,红裙妒杀石榴花""风卷葡萄带,日照石榴裙"等美妙诗句。后来"石榴裙"常常被用来代指美女。

河北蔚县剪纸

河北蔚县剪纸是中国唯一的以阴刻为主、阳刻为辅的点彩剪纸,色彩对比强烈、饱满,造型生动,带有浓郁的乡土气息

华清出浴图 康涛(清)

此图以杨贵妃出浴为题,图中杨贵妃轻绾云鬟,身披红色的轻薄纱衣,在两个宫女的服侍下款款出浴

西汉帛画

帛画是中国古代的一种绘画形式,因在质地为白色的丝织品帛上绘制而得名。其约兴起于战国时期,至西汉发展到高峰,多用笔墨和色彩描绘人物、异兽等形象。

1972年于湖南长沙马王堆一号墓出土的"T"字形帛画,画艺精绝,为现有汉代帛画中的稀有珍品。帛画纵205厘米,上部横92厘米,下部横47.7厘米。画面分上、中、下三层,表现了天上、人间、地下三个世界。在表现手法上,构图饱满匀称,以线描为基础,平涂、渲染兼用,并敷以浓重色彩。所用颜色丰富、鲜明而沉着,整体呈灰暗的赭红色调,突出强调的朱红、土红显示出既庄严又热烈的效果,再配上白粉,粉中加青和其他色彩,既诡异又绚烂,体现出汉代充满神秘诡异的浪漫奇想。

湖南长沙马王堆一号墓出土的"T"字形帛画

北京故宫弘义阁

北京故宫太和殿金扉金锁槛窗

猩红

猩红是一种亮丽而浓烈的深红,因似猩猩血而得名。其色彩纯度较高,在古代被作为高贵的颜色。以"大红猩猩色"所印染的织物是十分名贵的。尤其是猩红色的地毯与深色的古典家具搭配既显气派又显高贵,故而在清代王公贵族或大商贾的宅中常使用。

铅丹色

铅丹是一种以纯铅加工而成的粉末,主要成分是四氧化三铅,在古代是一种丹药。铅丹色指的就是一种纯度偏低的橙红色,显得保守而稳重。由于铅丹具有防腐的功效,在古代常作为寺庙、石窟壁画的颜料。

菩萨头像(五代)

这一菩萨头像,面容清俊娟秀,以红色的颜料描绘出冠饰上镶嵌的珠玉,以及艳丽的服装,显得华贵雍容

胭脂红

"胭脂红"就是古时女子化妆时使用的胭脂的颜色。胭脂的制作方法是：取盛开的红蓝花（也称红花，可入药），取汁，淘去黄色素之后，保留其鲜艳的红色素。五代马缟《中华古今注·燕支》载："盖起自纣，以红蓝花法凝作燕脂。以燕国所生，故曰燕脂。涂之作桃花妆。"此外中国古代医书中还记载蜀葵花、石榴、重绛、黑豆皮，以及苏芳木（也称"苏木"，是魏晋时期的主要红色染料之一）等都可以制成胭脂。在中国瓷器中有一种低温釉，是在烧成的白瓷上吹上一层以金为着色剂的釉料，再经800℃低温烘烤而成，其釉汁匀净，色如胭脂，故名"胭脂红"。"胭脂红"瓷器从清康熙景德镇窑开始出现，精于雍正、乾隆之间，器物造型多小巧秀美。

胭脂红釉五入茶具

景德镇窑胭脂红釉缠枝螭龙纹瓶（清乾隆）

漆器

　　漆器是指在器物表面涂漆而制成的器具及工艺品等。漆器具有耐高温、防腐蚀、耐酸碱、不掉色等特性，而且色彩亮丽。漆器在中国古代的日常生活中应用十分广泛，从新石器时代，人们就开始认识到漆的特殊功能并用以制器。后历经商周、秦汉直至明清，漆器工艺不断发展，出现了在器物上戗金、填漆、描金、彩绘、镶嵌等手法。

　　漆器的色彩主要以黑、红、黄三色为主要基调，多在红地上描绘黑色花纹，或是在黑地上描绘红色花纹等，有的还用金银镶嵌。湖南长沙马王堆一号汉墓出土的漆器很有代表性，漆器的纹样多用笔勾勒描绘，线条细腻流畅，精巧纤丽，有抽象、硬朗的几何图案，也有柔和、生动的花鸟纹、动物纹等。

云纹漆匜（西汉）

彩绘双层九子漆奁（西汉）

雕漆皇帝宝座（清）

豇豆红

豇豆红因近似红豇豆之色而得名，是一种不均匀的粉红色，虽不及大红的热烈和桃红的妖艳，但有如"红似朝霞欲上时"般的色彩感觉。此色常常出现在红釉瓷器的釉色中，因其素雅、柔和、悦目，被称作"美人醉"。清康熙时，有种非常名贵的高温铜红釉就叫"豇豆红"，釉质均匀细腻，红釉中散缀有绿色苔点，因其烧成难度大，制作时间短，故十分珍贵。

景德镇窑豇豆红釉水盂（清康熙）

彩绘泥塑

彩塑兔儿爷

彩绘泥塑简称彩塑，是以黏土为主要材料进行造型，并施以彩绘的中国传统民间工艺品。

彩塑在新石器时代便已出现。佛教盛行的魏晋南北朝，产生了大量彩塑作品，如甘肃敦煌莫高窟、天水麦积山，山西大同华严寺、平遥双林寺等处，现今都仍保留有大量的彩塑佛像。

彩塑与民俗相结合始于宋代，此后逐渐成为观赏性的彩塑作品或泥玩具。明代，江苏、广东、福建、天津等地的民间彩塑兴盛，是当时文化生活中的重要内容。其中江苏无锡惠山彩塑，又称惠山泥人。惠山泥人泥塑规格小，雕塑手法简洁，特别强调彩绘。在色彩上，喜用红、绿、黄、青等原色，又在原色对比之间，加以黑、白和金银等间色，对比强烈，虽然用色少，但主次分明，形成丰富的色彩效果，民间气息浓郁。

洋红

洋红是一种较深的粉红色，色彩明度较高，显得十分鲜艳。由于洋红染料是从西洋引进中国，提取自一种热带昆虫胭脂虫的雌性虫体，故而得名。在清代服饰中常以此色衣料作为里衬或镶边，成为服装的装饰配色。

景德镇窑粉彩莲花纹盖碗（清道光）

温馨富丽的茶室

  茶室内的陈设简洁,一张桌,几把椅,两张俯仰相承的荷花灯,拉门上悬挂着银红色的纱幔,营造出温馨惬意的饮茶环境。

银红

银红是一种富有光泽的浅红色，以银朱和粉红色颜料配制而成。银朱是古代一种颜料和药物，主要成分是硫化汞，由水银和硫黄混合后，加热升华而得。银红是一种具有"富贵气"的色彩，在古代尤其受到权贵人家的推崇。《红楼梦》里贾宝玉常穿银红纱衫子，而且在林黛玉居住的潇湘馆中，窗纱也是银红色的。

红楼梦中的人物服饰配色

《红楼梦》中涉及的人物众多，曹雪芹常常通过服饰的描写来表现人物的身份、性格、喜好，其中对色彩的描述将人物形象塑造得更加丰满真实。

贾宝玉

服饰以红色为主色调。

贾宝玉先住绛云轩，后住怡红院，别号怡红公子、绛洞花主，或明或暗都离不开一个"红"字；红是贯穿贾宝玉生命始终的精神底色。红色作为宝玉服饰色彩的基调，"配以石青缎，衬以金线"，尽显华丽富贵。

林黛玉

服饰色彩以红、白二色为主。

黛玉性格中有红的炽烈，白的洁净，两者搭配的服饰相得益彰、浓淡有度。足踏掐金挖云红香羊皮小靴，身披大红羽纱面白狐皮里鹤氅，腰系青金闪绿双环四合如意绦的黛玉，便如在琉璃般的白雪世界里一枝怒放的红梅，天然去雕饰。

薛宝钗

服饰色彩多是玫瑰紫、葱黄等娇嫩颜色。

薛宝钗的穿着打扮，一色半新不旧，以含蓄的华丽为美，契合她大家闺秀富丽雍容的外表下，朴拙、内敛、娴雅的性格与做派。

黑色的瓷罐、内画鼻烟壶与亮丽的红色绸缎,形成了刚与柔、明与暗的鲜明对比

海棠红

海棠红色呈淡紫红，较桃红色更深一些，妩媚而艳丽。中国古代五大名窑之一的钧窑烧制的窑变瓷器中，因着色剂和烧造温度等各种原因，海棠红色尤为难得，成为瓷中珍品。

樱桃色

樱桃色因类似鲜亮的红樱桃而得名。这种色彩非常俏丽，常常给人以娇艳欲滴的感觉。

祭红碗（清雍正）

侧褶裙（清）

嫣红

嫣红是明度较高的红。古人多用"姹紫嫣红"来形容各种花朵娇艳美丽的景色。

玫瑰红

玫瑰红也称"玫红",红中略带紫,类似红玫瑰盛开时的颜色。此色无论是作为服饰用色还是化妆用的胭脂用色,都很受历代年轻女子的喜爱。

钧窑玫瑰红釉鼓式洗(北宋)

大镶边右衽女袄(清)

砖红

砖红是类似以黏土为原料烧制成的红砖的颜色，故名。泥土中所含有的铁元素在高温下与氧气发生作用，而使砖变成了红色。砖红色多见于出土的古陶器。

原始社会的彩陶

红陶双耳壶（裴李岗文化）

豆荚纹彩陶钵（新石器时代仰韶文化）

原始社会，人们便已经开始用色彩装点周围的环境。随着对自然界认识的加深，先民们通过天然的矿物质颜料在陶器上描绘各色图案，以一种工艺手段来表现他们对色彩世界的认知及喜好。其"彩"的制作也并不复杂，只是在打磨光滑的陶坯上，以赭石和氧化锰等做呈色剂绘制花纹，然后入窑烧制。烧成后的器物呈现出赭、红、黑、白诸种颜色的美丽图案。这些色彩往往能够与纹样及器物造型高度统一，成为极具观赏性的装饰。由于地域和发展时间的差异，原始社会各文化圈的彩陶制作还呈现出各自不同的风格，这其中以仰韶文化、马家窑文化、屈家岭文化较具代表性。

仰韶文化是距今 6000 年前黄河流域中游地区最为活跃的文化遗存，陶器以红陶为主。早期以红地黑彩为多，中期开始运用陶坯为地进行彩绘。其彩陶以精美著称，开创了中国装饰艺术的先河，故仰韶文化又有"彩陶文化"之称。

马家窑文化主要分布于黄河上游的甘肃和青海东部一带，受仰韶文化的影响，但在彩陶装饰上较仰韶文化更为突出，达到了史前彩陶艺术的顶峰。彩陶器为细腻的泥质红陶，以圆腹平底罐和瓶最具特色，多配有双耳。色彩以橙、黄、黑三色为主，又以黑色为多，器里壁绘内彩是其特色，达到了较高的艺术水平。

屈家岭文化因发现于湖北省京山县屈家岭而得名，彩陶数量虽不多，但特色鲜明。着色以红和红褐色为主，在化妆土上施以彩绘。施彩时使用独特的晕染手法，与浓淡不同的色彩交融渲染，构成浓淡相间的云霞纹。其中彩陶纺轮还被视作华夏太极文化最早的艺术形态。

茜色

茜色是一种含有紫色或黑色的深红色，是提取自茜草的植物性染料。茜草是一种藤本植物，因含有茜素，故根、茎均呈红色。将茜草以明矾为媒染剂，可煮染出红色，这是最古老的植物染料。从周代开始，人们就使用茜草作为染料，至汉代起开始大规模种植。

赫赤

赫赤是以红花所制的植物颜料，也称深绛色。许慎的《说文》中提到："赫，火赤貌。""赤者，火色也"。这是类似"火烧的颜色"，比朱色稍暗。古时人们常将太阳称作"赤日"。以前的账房先生在记账时会用赤笔做支出的标记，这就是现在所说的"财政赤字"的来历。

景德镇窑釉里红牡丹纹碗（明）

双喜字风筝

北京北海延楼长廊

铁锈红

铁锈红也叫"土朱"，是由大比例的红加黄、黑色组合而成。在明清建筑的苏式彩画中，铁锈红多作为底色大量出现。

殷红

殷红也称"暗红"，色中带黑，常用来形容鲜血的颜色。唐代元稹的《莺莺诗》有"殷红浅碧旧衣裳，取次梳头暗淡妆"之句。杜甫的《韦讽录事宅观曹将军画马图歌》一诗中也曾提到过此色："内府殷红玛瑙盘，婕妤传诏才人索。"

京剧人物张良画像

豆沙色

豆沙色介于咖啡色和脂红色之间，带有类似红小豆的紫色。中国戏曲服饰中，常常用豆沙色线裹金绣制海水江崖和团龙图案等，用以表现地位较高而又不到老年的文职官员身份。

绛紫

绛紫色是紫中略带红，古时还被称为"福色"，其色沉稳端庄而不张扬，在清代乾隆晚期的服饰中十分流行。此色与金色或者古铜色相搭配，尽显华丽却不失庄重，是绝佳的色彩组合。

皮影神怪变化

皮影戏

皮影戏又称"影子戏""灯影戏""土影戏""皮猴戏""纸影戏"等,是用灯光照射兽皮或纸版雕刻成的人物剪影以表演故事的戏剧。由艺人一边操纵一边演唱,并配以音乐。

皮影制作材料多使用牛皮、羊皮、驴皮等。上色主要使用红、黄、青、绿、黑等五种纯色的透明颜料,使得投影到布幕上的影子显得瑰丽而晶莹剔透,具有独特的美感。

皮影戏《三国演义》人物(清)

长春色

长春色是淡淡的红色中带有灰色。有一种四季都开放的多年生草本植物叫"长春花",此色就是以这种花的名字命名的。

彩绘壁画

韩熙载夜宴图（五代）顾闳中

此图以连环长卷的方式描绘了南唐韩熙载于家中设宴行乐的场景。人物的服饰用色绚丽，如歌伎的襦裙、宾客的袍服多用朱红、浅绿、橙黄、淡蓝等，而室内的家具陈设用色沉稳雅致，如床榻、桌椅、屏风等多用黑、棕色

檀色

檀色因近似紫檀木的颜色而得名，是一种类似铁锈红的红褐色，也叫"赭红"。在唐代，教坊的歌妓们特别流行以檀色注唇，贵族阶级的女子们也纷纷效仿，至后世仍被沿用。"檀口香腮"就是用来比喻女子的唇色与腮红之美。在敦煌曲子词《柳青娘》中有"故着胭脂轻轻染，淡施檀色注歌唇"的诗句。宋代诗人秦观也在《南乡子》词中吟道："揉蓝衫子杏黄裙，独倚玉栏，无语点檀唇"。

栗色

栗色就是类似栗子壳的红棕色，色彩感觉沉稳。历史上著名的供春紫砂壶便是栗色，显得深沉而高贵。栗色适合搭配以黄色为主色的暖色调的色彩群，这在古代是很常见的。

仿供春式紫砂壶 邵陆大（清）

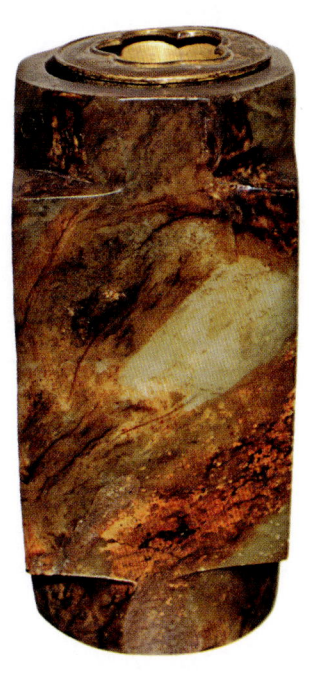

仿古玉素面玉琮（清）

茶色

茶色像泡过的茶水的颜色,也叫"茶褐色"或"鼻烟色"。明代陶宗代《辍耕录·采绘法》载:"凡调合服饰用色者:……茶褐,用土黄为主,入漆绿、烟墨、槐花合。"茶最早是从药用开始的,起初用于解毒。古代有"神农尝百草,日遇七十二毒,得荼(即茶)而解之"的说法。自唐中期陆羽著《茶经》之后,茶才慢慢地变成单纯的饮品。由于茶的品种不同,所产生的茶汤色也有所区别。这里的茶色多指棕色或浅棕色的茶汤色。

祁门红茶及茶汤　　　　　　　大红袍及茶汤

安化黑茶及茶汤　　　　　　　武夷肉桂及茶汤

武夷水仙及茶汤

棕色

棕色就是接近棕毛（棕榈树叶鞘纤维）的颜色，即常说的褐色。棕色容易使人联想到泥土，给人以自然、朴实、温暖的感觉。在古代服饰中这种颜色被经常使用。唐代诗人白居易在《三适赠道友》中有"褐绫袍厚暖"之句。古代建筑中也常用到此色，清嘉庆时比较流行。

棕褐

棕褐色是有红色成分的深褐色。中国传统瓷器的红色瓷釉常常出现这种美丽的棕红色。

青瓷褐彩罐（南朝）

器形圆浑敦实，施青翠色釉，肩腹部褐色点彩纹饰潇洒华丽，给人以强烈的视觉冲击。褐色点彩是以氧化铁为着色剂在高温还原气氛中烧成

元代《南村辍耕录》

元代，特别强调阶级差异和民族差异，在服装上通过色泽对身份加以区分，禁止平民穿用彩色服装，老百姓与小官吏一样，只允许穿黑白及褐色服装。等级制虽限制了服装色彩的发展，但人的审美天性及对色彩的追求，在这种压制下产生了巨大的创造力，使褐色服装丰富起来。元代陶宗仪在《南村辍耕录》中记载了砖褐、荆褐、艾褐、鹰背褐、银褐、珠子褐、藕丝褐、露褐、茶褐、麝香褐、檀褐、山谷褐、枯竹褐、湖水褐、葱白褐、鼠毛褐、葡萄褐、丁香褐等二十多种褐色的配色方法，反映出当时人们对生活色彩方面的认识达到了极高水平。

枣红

枣红即类似成熟红枣子的颜色，深红色枣红略带黑色，显得既庄重又热烈，中国古典家具中以红酸枝木材制作的家具便为此色。红酸枝为豆科檀属木材，颜色似枣红，木质坚硬、细腻，可沉于水，一般要生长500年以上的树材才能使用。明清两代，老红木与小叶紫檀、黄花梨并称为宫廷专用的"三大贡木"。

杏红

杏红是类似成熟的杏子的颜色，比杏黄色要红一些，是一种娇嫩可人的颜色。宋代曾觌的《浣溪沙》中对女子曾有"艳杏红芳透粉肌"的描写。

四美图（宋）佚名

此图设色鲜妍，用笔精丽，面部采用额、鼻、颊的"三白"烘染法，别具特色。描绘的四位盛装仕女，皆身着襦裙，头戴花冠，肩有披帛，体态婀娜

二

琉璃黄

"天地玄黄，宇宙洪荒。"黄色代表着孕育万物的土地，对于黄色的崇拜最早来自于人们对于土地的膜拜。在中国传统的阴阳五行论中，黄色属土，表示生命之源流，也表示中央之所在。天坛的祈年殿有三重檐，其中中檐便使用象征土地的黄色琉璃瓦。

在中国古代，黄色还有着特殊的意义，它象征着权力、富贵、光明和智慧，明黄色曾经是皇族的专用色。同时黄色本身还具有浓重的宗教气息，以至于从佛教建筑到僧侣服饰以及寺院装饰都会用到此色。黄色也是最古老的颜料之一，中国先民很早就懂得用栀子的果实制成黄色颜料，因为栀子中含有"藏花酸"的黄色素。到了南北朝以后，又有了地黄、槐树花、黄檗、姜黄、柘黄等植物染料。除此之外，还有石黄、黄丹等矿物可作为黄色颜料。

樱草色

樱草色因近似草本植物樱草花花心之色而得名。樱草花属于报春花科，虽然花瓣有多种花色，但花心部分却均为黄色。樱草色是偏冷的黄色，含有绿色的成分，色彩感觉活泼单纯。

鹅黄

鹅黄是一种淡黄色，类似雏鹅绒毛或鹅嘴的黄色，明度较高，而略微偏红色。鹅黄色在古代是用黄檗煎水制成的植物染料。诗人杨维桢《杨柳词》有"杨柳董家桥，鹅黄万万条"，以喻娇嫩淡黄的新柳。

花窗漏景

黄色暗花纱团龙纹女式衬衣（清）

　　衬衣用料考究，做工精细，圆领、大襟右衽，袖宽直，领、襟镶有黑缎地三蓝平针绣蝶恋花纹花边，袖口镶白缎地平针绣蝶恋花纹挽袖，衣身以暗花纱的圆形提花纹样为装饰，设计巧妙。

蛋黄

蛋黄色因像鸡蛋黄的颜色而得名，是一种很浓郁的黄色。

藤黄

藤黄也称"月黄"，是一种较为明亮的黄色，取自南方热带林中的海藤树，划伤其树干后，取其树脂可做植物性颜料，多用于中国画和工艺品的装饰。与这种植物性颜料相近似的是矿物颜料"雌黄"，也称"石黄"。

中式居家陈设

房间的色调明亮，窗帘、帷幔、被衾和靠枕都采用黄色，就连床榻上的山鸟竹林装饰图案也漆上了金色，给人富丽堂皇、华丽尊贵的感觉

米黄

米黄色也称为"谷黄色",即谷子脱了壳后小米的颜色。这种黄色略微含红,流行于清代。古人还经常将白色的库绢染成米黄色,用来托裱字画。

栀黄

栀黄是一种微带红色的黄,提取自栀子果实。栀子属茜草科常绿灌木,夏天开花,气味芳香,果实呈红黄色或棕红色,经压榨可获取黄色的汁液以作染料,在古时被作为最好的一种染色剂。栀子早在汉代就已经开始人工大量种植,从中提取的染料其用途也不仅限于织物的浸染,还可广泛用于各种生活器物的涂饰。如唐代文学家柳宗元曾在《鞭贾》一文中说到一条外表光泽锃亮的马鞭,正是用栀子颜料涂饰的。栀黄与杏黄色类似,古代也曾一度禁用于平民百姓。

黎侯虎

黎侯虎俗称"布老虎",发祥于山西黎城县,因黎城古称黎侯国而得名。黎侯虎起源于商周时期以虎为图腾的民间风俗,逐步完善演变于今天集故事、草编、刺绣、剪纸、书画于一身的独特造型。黎侯虎在民间有赐福、镇宅、生财等文化内涵,被誉为中国第一虎

清代八旗

17世纪初，随着女真部落势力的扩大，人口的增多，女真各部首领努尔哈赤建立了八旗制度，起初采用最为常见的四色黄、白、红、蓝建四旗，旗皆纯色，称为正黄、正白、正红、正蓝。后在原有的四旗之外，增编镶黄、镶白、镶红、镶蓝四旗。旗帜除正色外，黄、白、蓝旗均镶以红边，红旗镶以白边，色彩对比鲜明。

八旗军在行军、驻营时根据阴阳五行相克的学说，保持固定的位置。五行学说认为北方属水，两黄旗的黄色属土，土能克水，所以在北方；西方属金，两红旗的红色属火，火能克金，所以位于西方；南方属火，两蓝旗蓝色属水，水能克火，所以位于南方；东方属木，两白旗的白色属金，金能克木，所以位于东方。

正黄旗  镶黄旗

正红旗  镶红旗

正白旗  镶白旗

正蓝旗  镶蓝旗

二龙戏珠影壁盒子

  影壁盒子是影壁壁面的构图形式之一,盒子内雕刻两条黄色蛟龙,翻江倒海,戏耍一颗宝珠,将照壁装饰得富丽堂皇

橘黄

橘黄是一种介于深黄和亮橙色之间的颜色,其色类似柑橘,故名。在中国古代的服饰中偶尔作为配色或在局部少量使用。

橙黄

橙黄是一种高调的亮黄色,类似橙子的颜色,在古代又被称为"萱草色"。萱草属百合科多年生草本植物,也叫"忘忧草"。西晋张华《博物志》中记载:"萱草,食之令人好欢乐,忘忧思,故曰忘忧草。"《诗经》中曾有"北堂幽暗,可以种萱"的诗句。古时游子要远行时,则会先在北堂种萱草,希望母亲能减轻思念,忘却烦忧。

上海玉佛寺

黄色原为佛家最常用的色彩,佛体被称为"金身",寺庙用黄色,称为"金刹",寺院的墙为黄色,取其庄严之义

杏黄

杏黄也叫"柘黄""松黄""赤黄",因像成熟杏子的颜色,故名。

《本草纲目》中记载,此色可用柘木汁染成。杏黄在古代是很高贵的颜色,自隋代以来为皇帝的服色,唐代元稹《长庆集十八酬孝甫见赠》中有"雉尾扇开朝日出,柘黄衫对碧霄垂"之句。宋以后,杏黄更是皇帝的衣袍专用色,到清朝时期则规定杏黄色为皇太子常服的颜色。

康熙像(清)

明黄

明黄也叫"菊黄",色彩纯度很高,没有其他原色成分的参与。在古代,明黄色是皇权的象征,按清朝《大清会典》规定,皇帝的朝服一般"色用明黄"。这种颜色在当时是寻常百姓禁止使用的,否则就是"逆反"大罪,要招致杀头之祸。

黄地素三彩龙纹执沿盘(清)

黄釉暗刻龙纹碗(清)

秋叶落无声

蜜合色

蜜合色是微黄偏白的颜色。清代李斗的《扬州画舫录》中有这样的记载："浅黄白色曰蜜合。"在清代贵族中流行此色的服饰,如《红楼梦》中的薛宝钗,常穿蜜合色的棉袄。

姜黄

姜黄色是一种明度不太高的黄色,色调偏冷。姜黄染料取自姜属植物姜黄的根茎,这种天然的植物色素一直是我国古代黄色的主要来源。用姜黄染色的服饰和织物通常色泽自然、优雅,色调别致而精美。

黄栌色

黄栌色中除了明艳的红色外,还含有大量黄色成分,因像秋天黄栌的树叶而得名。黄栌是一种落叶灌木,叶子到了秋季就会变得黄里透红。著名的北京香山红叶就多为黄栌树叶,每到秋季便有万山红遍、层林尽染的壮观景象,正所谓"黄栌敲碎染秋色"。黄栌还可以提取出黄褐色染料,在古代是一种极具实用性的染布色料。

瓦当(明)

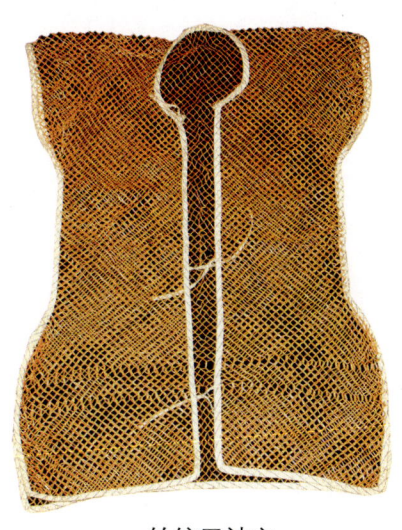

竹编无袖衣

敦煌壁画

作为中国传统绘画的重要组成部分，线条和色彩是敦煌壁画重要的艺术语言。其以简练的笔墨，高度概括出个性鲜明、富于神韵的形象。如壁画上寥寥数笔土红线，便塑造出奔驰的野牛；木炭条随手勾描的建筑，在看似不经意的落笔下流露出笔墨的意趣。

敦煌壁画在人物的描绘中，将色彩与肤色建立起直接的关系。人物面部和露出的身体在画面中占据了不少面积，是视觉最注目的部位，所以肤色的变化对色调的丰富和谐起着重要作用。敦煌壁画绘制的人物有十几种不同肤色，出现最多的是黑、褐、灰乳白、肉白、淡土红等，此外还有淡土黄、肉色、粉橙色、赭红色、红色、灰蓝，及各种不同深浅的素面色，以这些不同的肤色来区别不同民族、地位、身份和性格的人物。由于壁画绘制时已具备了很高的颜料制作技能和化学工艺技术，这些人物壁画的色泽千年不褪，至今仍栩栩如生。

敦煌3窟北壁壁画千手千眼观音（元）

枯黄

枯黄色也称"枯叶色",是因似秋天干枯而焦黄的落叶颜色而得名。黄橙色中带有褐色,具有安静而沉稳的色彩感觉。此色偶尔会出现在白色玛瑙的局部,称为"俏色",在雕琢中加以巧妙的运用,往往会使作品身价倍增。

棕黑

棕黑色就是深棕色。虽然此色很深很重,但因有了红色的成分,故呈现出来的却是暖色。

暗花纹织锦四合如意式云肩

缎地万字纹九世同堂肚兜

土黄

也称"黄色"，色呈黄褐，是大地和黄土的颜色。在古代，土黄颜料源于赭石最外层的黄色物质，其主要成分为氧化铁，经过精制后成为中国画的矿物颜料。清周嘉胄《装潢志》载："古绢画必用土黄染托衬，则气色湛然可观，经久逾妙。"此色多见于中国古建筑的苏式彩画中，作为底色大量使用。

秋香色

秋香色原作"湘色"，俗称"香色"，是以黄色为主导的浅黄绿色。由于其含绿色的成分较多，故为黄色系中偏冷的一种颜色，给人以高贵、温和、内敛、稳重的感觉。《红楼梦》中提到的高级的丝织品"软烟罗"仅有四种颜色，其中就有秋香色，它是富贵和地位的象征，很受上流社会崇尚。据《清稗类钞》载："国初，皇太子朝衣服饰，皆用香色。"秋香色在清中期流行，沿至清末民初仍然十分盛行。另外，在明清官式建筑彩画中，此色也多作为底色而大量出现。

甘肃兰州市白塔山白塔寺葫芦阁天花

年画

年画是中国特有的一种绘画体裁,它从早期的自然崇拜和神祇信仰逐渐发展为新年时张贴、装饰环境,含有祝福新年吉祥喜庆之意的节日风俗活动,成为中国农村百姓喜闻乐见的艺术形式。江苏苏州桃花坞、天津杨柳青、山东潍坊杨家埠的木版年画以及四川绵竹年画在历史上久负盛名,被誉为中国"年画四大家"。

江苏苏州桃花坞

桃花坞木板年画源于宋代的雕版印刷工艺,由绣像图演变而来,到明代发展成为民间艺术流派。在色彩上,有桃红、大红、蓝、紫、绿、淡墨、柠檬黄等诸色,常以紫红色为主调表现欢乐气氛,富有浓郁的生活气息。在人物塑造、刀法及设色上,具有朴实、稚拙、简练、丰富的民间美术特色。

天津杨柳青年画

杨柳青年画继承宋元绘画传统,吸收了明代木刻版画、工艺美术、戏剧舞台的形式,采用木版套印和手工彩绘相结合的方法。制作时主体色一色刻一个版,往版上刷色,将画纸扣在上面,用棕刷将版上的颜色拓印于纸上,将几种版的大致颜色全部拓印完之后,再进行最后一道工序,即人工彩绘。画面局部的颜色,由艺人用毛笔进行彩绘。

山东潍坊杨家埠木版年画

山东潍坊杨家埠木版年画兴起于明代,全以手工操作并用传统方式制作。艺人首先用柳枝木炭条、香灰作画,名为"朽稿",在朽稿基础上再完成正稿,描出线稿,反贴在梨木版上供雕刻,分别雕出线版和色版。再经过调色、夹纸、兑版、处理跑色等工序,手工印刷。年画印出来后,还要再手工补点上各种颜色进行简单描绘,以使年画显得自然生动。

四川绵竹年画

绵竹年画历史悠久,起源于北宋,到明末清初进入繁盛时期。绵竹年画以彩绘见长,具有浓厚的民族特点和鲜明的地方特色。绵竹年画构图讲求对称饱满,主次分明,多样统一;色彩上采用对比手法,设色单纯艳丽,构成红火、热烈的艺术效果;线条讲求洗练流畅,刚柔结合,疏密有致,具有强烈的节奏感;而夸张变形、象征寓意的造型,更具诙谐活泼的效果。

铜镀金释迦牟尼佛像（明）

昏黄

也称"暗黄"，明度很低，常给人以一种落寞的色彩感觉。

棕黄

是落叶的颜色，也是秋天的颜色，给人以稳重和亲切感。

琥珀色

琥珀色即琥珀的颜色，属暖色系。琥珀是由数千万年前埋藏于地下的树脂形成的一种树脂化石，多为浅棕色或者棕黄色，是一种贵重的雕刻材料。琥珀常被制成各种首饰和装饰品。

琥珀

赭色

赭色是赭土（又称"赤铁矿"）制成的颜料。许慎的《说文》中曰："赭，赤土也。"古代的妇女装扮时曾用点唇。古时的囚犯曾皆穿赤褐色的囚服，即"赭衣"，后多用此来代称囚犯，如"赭衣塞路"就是形容穿囚服的犯人很多，挤满了道路之意。另外，赭色也是中国画颜料中的常用色。

苍黄

苍黄色是黄而发青的颜色，深秋时节茂密的竹林常常是此种颜色。苍黄色在古代常见于生丝织成的薄纱、薄绸或麻带中，常被用作丧事中的丧服。

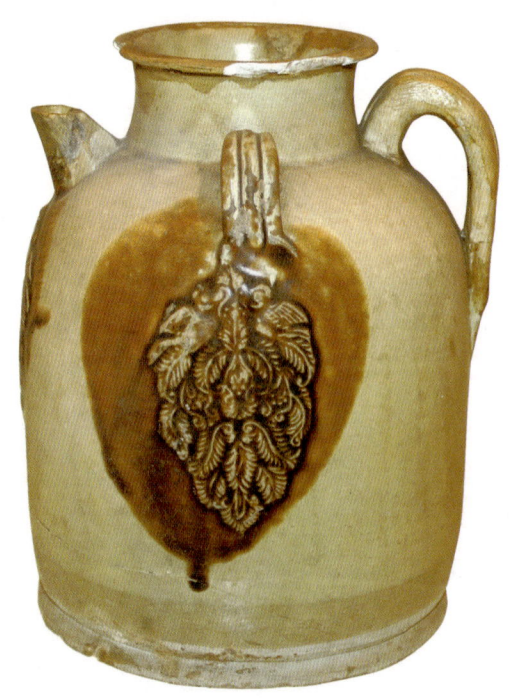

长沙窑黄釉斑彩执壶（唐）

唐三彩

　　唐代是中国封建社会的鼎盛时期,经济繁荣,文化艺术空前兴盛,唐三彩就是这一时期产生的一种彩陶工艺品。作为一种低温釉陶器,唐三彩在色釉中加入不同的金属氧化物,在烘制过程中发生化学反应,色釉浓淡变化、互相浸润,形成浅黄、赭黄、浅绿、深绿、天蓝、褐红、茄紫等多种斑驳淋漓的色彩。色彩之间自然协调,花纹流畅,由于色调以黄、褐、绿三色为主,故称唐三彩。

　　唐三彩以造型生动逼真、色泽艳丽和富有生活气息而著称。它吸取了中国国画、雕塑等工艺美术的特点,采用堆贴、刻划等形式的装饰图案,于色彩的相互辉映中显出堂皇富丽的艺术魅力,生机勃勃,具有强烈的时代精神。

驼色

　　驼色是类似骆驼皮毛的颜色,即一种较为暗淡的浅黄棕色,色彩感觉和平、淡定、大气。清中后期比较流行此色。

越窑青釉碗(东晋)

 **秋色**

秋色属黄色基调中的橄榄棕色,但比一般橄榄棕色稍暗且稍绿。在古代是大众用色,常用在便服上,或者作为底色出现。

盘金绣凤穿牡丹侧褶裙

三 国槐绿

绿色是自然的颜色，象征新鲜、青春、成长、自由和希望。

但古代中国人对这种色彩还另有见解。《庄子·外物》中提到："苌弘死于蜀，藏其血，三年而化为碧。"传说周景王的大臣苌弘忠心耿耿但却遭陷害离间，被流放到蛮荒蜀地。苌弘有口难辩，悲愤之下剖腹自杀了。苌弘的冤死，引起了当地民众的怜惜同情，他们把苌弘的血用玉匣子盛起来。三年后，人们掘土迁葬，打开玉匣一看，他的血已化成了晶莹剔透的碧玉。于是，绿色在古代也象征着忠君爱国，称忠臣烈士所流之血为"碧血"。

但是另一方面，绿色在中国似乎又含着蔑视之意。古人以黄为正色，绿色作为黄蓝之间的间色，被称为贱色。自古中国人头上不佩戴绿冠，因为那表示极大的侮辱。元明时还规定娼妓家的男子需头戴绿巾，脚穿带毛的猪皮鞋子，走路不能走中间只能走在左右。

在色彩中，似乎只有绿色得到了中国人这样迥然不同的又尊重又轻视的对立态度。

荷塘新碧，茶韵绵长

浅绿

浅绿也称"水绿",淡淡的绿色中略带浅蓝,稚嫩、清新而柔和,有如不小心滴入清水中晕开的淡青色颜料。

梅子青

梅子青绿中发白,色很浅淡,就像梅子未成熟时表面上覆盖有一层泛白的细绒毛时的颜色,因而得名。我国著名瓷窑龙泉窑在南宋时期创烧的一个青瓷品种,就叫"梅子青"。其采用了石灰碱釉多次施釉法,釉层厚而不流,釉面光泽柔和,釉色莹润青翠。由于烧成难度大,存世量极少,梅子青瓷器极其珍贵。

艾绿

艾绿指类似艾草的颜色,是一种偏苍白的绿。艾草为多年生草本植物,绿色的叶子背面密生白色绒毛。中国自古以来就有端午节悬挂艾草辟邪的习俗。艾绿色还多出现在古瓷器和古代服饰面料中。

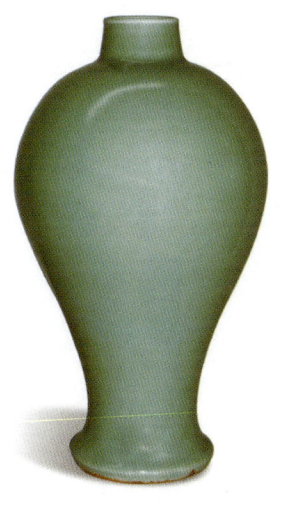

龙泉窑梅子青釉梅瓶(南宋)

龙泉窑始于五代,盛于南宋和元代,衰于明代,终于清代康熙年间,有着近800年的烧瓷史。龙泉窑以烧制青瓷而闻名,胎体较厚,釉色淡青,釉层稍薄

园林一隅

　　绿色植物是园林中最为常见的造景材料，以高大的粉墙为背景，修建一座曲折有致的池塘，池内点点睡莲与池岸上鲜绿的草丛和绒毛似的草坪，交相辉映，生趣盎然。

葱黄

葱黄色像大葱内部最嫩黄之处,娇嫩可爱。此色在古代多为年轻女子所喜爱,清代曾很流行穿葱黄色的绫子裙。

葱绿

葱绿也是一种黄色成分较多的浅绿,但比葱黄色多了几分沉稳。古时年轻女子的抹胸或裙子多用此色。此色还常在钧窑窑变中出现,其色泽极其绚丽,是很珍贵的窑变。

国槐绿

豆绿

豆绿也称"豆青",如同青豆一样的颜色,故名。古代豆绿色是以黄蘗煮水或者小叶筤兰煎水取得。古代服饰面料常用此色,清代时多作为饰物搭配或小面积点缀用,如曾流行挂在腰间的宫绦等。我国传统的青瓷中有豆青釉品种,釉色青中泛黄,光泽度比梅子青稍逊。清末许之衡的《饮流斋说瓷·说彩色》载:"豆青、豆绿,此二色宋哥、弟窑为最盛。哥窑多作豆绿,弟窑多作豆青,皆滋润莹泽,至为可爱……明以前之豆青,微近黄色,至清则纯近绿色。"

豆青釉八卦纹琮式瓶(清)

碧藕无花叶更香

满山修竹绿齐云

油绿

油绿是一种光润、清新而浓厚的绿色,就像雨水刚刚洗刷过的呈现出郁郁葱葱的绿色植物。《天工开物》记载,油绿色料是用天然植物染料的槐花薄染后以青矾盖之而成。清代咸丰、同治时期比较流行此色。

棕绿

棕绿是绿色加棕色调和后的结果,多作为底色来用。另外,这种色也经常出现在唐三彩中两色过渡的中间。

瓜皮绿釉玉壶春瓶(清雍正)

唐三彩陶盒(唐)

北京天坛皇穹宇屋顶内部

芽绿

芽绿类似树的嫩芽,带有青春和生命力的色彩感觉。

嫩绿

嫩绿也叫"新绿",类似春天刚刚长出的新叶的颜色,给人以清新而富有生命力的感觉。唐代诗人李咸用的《披沙集·庭竹》一诗中有:"嫩绿与老碧,森然庭砌中。"宋代词人晏殊的《渔家傲》中也写道:"荷叶荷花相间斗,红娇绿嫩新妆就。"

坎肩(清)

侧褶裙(清)

草绿

草绿是像草一样青绿而略黄的颜色。在古代，草绿色常用植物染料藤黄加花青调和而成。

佛母像剪纸

这幅剪纸以佛像人物为题材，用色绚丽，风格明朗，云朵、山、枝叶均为淡绿色，清新怡人

北京故宫钦安殿

青翠色

青翠色又名"青绿色""翠色"。唐代诗人杜甫在《渼陂西南台》中有"错磨终地翠,颠倒白阁影"之句。此色在古代是以主要成分为碳酸铜和水酸化铜的孔雀石研碎制成。按清代《芥子园画谱》所载制法是:将孔雀石粉末加水研磨,浮在上层的极细颗粒成为"头绿"颜料,浮在中层的稍粗颗粒成为"二绿"颜料,沉在下层的粗颗粒为"三绿"即青翠色。碳酸铜含量越高,色调的成分就越绿。此色一般作为中国画颜料,或用在寺庙等建筑物的彩画中。

北京北海琼岛嵌岩室苏式包袱彩画

建筑彩画

建筑彩画是于木构表面涂绘的色彩装饰画,既可装饰建筑,又可保护木材。作为中国古建筑的重要组成部分,彩画伴随着古建筑一同发展,成为传统文化的标志性符号。

春秋战国时期,中国的建筑彩画发展初具规模。受工艺技术的影响,此时直至唐代,建筑彩画均以土红色、土黄色等暖色调及黑色为主。宋代以后,彩画可用的颜料色泽逐渐增多,有花青、藤黄、红土子、烟子、石青、石绿、银珠等。明代彩画色彩以蓝绿的冷色调为主,色彩淡雅,偶尔在青绿色中点缀一些红色,借以突出主题和核心内涵。工艺上极注意退晕,强调色彩柔和的感觉。退晕色最浅的颜色不是习惯上的白色,而是浅蓝、浅绿、浅红色,突出简练、淡雅、深沉的风格。清代彩画基调以青绿色色调为主,用红色的范围更多了。随着金箔加工工艺的提高,彩画朝着金碧辉煌、五颜六色的方向不断发展。

湖绿

湖绿类似湖水的颜色，是蓝色与绿色互相渗入而成的颜色。此色明朗、清爽而洁净，如白居易在《望江南》中所写："日出江花红胜火，春来江水绿如蓝。"

翡翠色

翡翠色也称"大绿""石青"，指的是像翡翠宝石般的绿色。中国古代有一种鸟的名字叫"翡翠"，其羽毛的颜色非常漂亮，后来人们就以"翡翠"来命名一种产自缅甸的玉石。翡翠中最常见的颜色为绿色，色越绿越为珍贵。

翡翠摆件

翡翠观音坠

柳绿

如同其名称一样,柳绿是像春天柳叶的颜色。柳树是落叶乔木,一般生长在河边和街道两旁。此色给人以洁净鲜嫩、充满生气的感觉。古人常以"桃红柳绿"来形容春天的到来,宋代诗人宋祁有名句"绿柳烟外晓春轻,红杏枝头春意闹"为证。

竹青

朱青色如每年新生的嫩竹一样,故名。此色是古人在服饰中常用的颜色,与白色搭配显得稳重而含蓄,优雅而洁净,与黑色搭配则显老练沉稳。

国槐绿

琉璃螭兽

琉璃瓦当

京剧人物画像

颐和园佛香阁彩绘

南京阅江楼斗拱

白青

白青也作"青白"，带有些许蓝色。白青颜料是以孔雀石粉末研磨出的"头绿"，常用于中国画及建筑彩画。在《扬州画舫录》中将青白色称为"虾青"。《本草》载："白青，《释名》作碧青，唐本作鱼目青，……研之色白，如碧，亦谓之碧青。"

粉绿

粉绿在古时也称"玉色"，比单纯的绿多了几分黄色和白色的成分。此色在粉彩瓷器中为常见色。

蟹壳青

蟹壳青是在绿色中带有深灰色成分。五代之后，景德镇所产瓷器中，较有代表性的青白釉就是此种颜色，有些近似越窑的釉色。而中国文房四宝中著名的澄泥砚也有烧制出此种颜色的，较为珍贵。

珐琅彩石榴草虫纹题诗碗（清雍正）

南宋景德镇窑青白釉钵

鸭蛋青

鸭蛋青为绿色偏冷，类似鸭蛋外壳的颜色。古时一般是先用黄檗水染，然后再入靛缸才能染出鸭蛋青色。古代的年轻男性多用此色的面料做服饰。元代青花瓷器的釉色中也常出现鸭蛋青色。

青碧

青碧是中国古代对一种玉石的称呼，即青绿色，绿中带蓝，给人以清澈纯净之感。在中国画中常用此色表现山色、烟色、天色等。

碧绿

碧绿色色彩类似青色的玉石，故而称为"碧"。许慎的《说文》中记载："碧，石之清美者。"

碧玉山子聚珍图

深绿

深绿也作"浓绿"。此色沉稳、宁静。在唐代,深绿色为六品官服的用色。

松花色

松花色也叫"松花绿""松绿色",是偏黑的墨绿色。《红楼梦》中常常有此种颜色出现,如袭人使用的松花色的汗巾,以及丫鬟莺儿的松花配桃红的服饰搭配,都很符合清代的审美观。

松柏绿

松柏绿是像松柏叶的深绿色,故名。松柏是一种常青植物,针状叶子呈深绿色。此色稳重而雅致不俗。

皮影戏《水漫金山寺》

苍翠

苍翠也作"葱翠",含有青色的绿色,带有浑厚、宁静而平和的感觉。此色在中国传统水墨画中经常用于树木、植物或者远山等,以表现画面景深的空间感。此色与浅绿色相配有一种和谐、安宁的感觉;与黑色相配,则显得稳重而大方。

山水图[局部](清)潘恭寿

秘色

秘色也称"青瓷色"。"秘色瓷"是五代十国时吴越国的越窑专门烧制用来供奉的瓷器。其器秘不示人,庶民更是不得使用,而且釉药的配方和制作工艺等严格保密,所以称为"秘色"。古人用很多华丽的辞藻来形容其釉色,有"千峰翠色""明月染春水""薄冰盛绿云"以及"古镜破苔"和"嫩荷涵露"等词句。

龙泉窑青釉鬲式炉(南宋)

 ## 孔雀绿

　　孔雀绿色因似孔雀尾羽毛翠绿的毛色而得名。此色常出现在古代丝织品和瓷器的釉色中。宋元时期，曾烧制有一种以铜为着色剂的低温色釉，称作"孔雀绿釉"。明代成化、正德年间，景德镇窑烧造的孔雀绿釉瓷器突破了宋元时期色彩深暗的状态，呈色鲜艳青翠，十分悦目。

孔雀石摆件

孔雀绿釉双耳扁方瓶（清道光）

孔雀绿釉暗花八宝纹盘（清雍正）

黛绿

黛绿即青黑色，是一种偏浓的绿色。古时妇女常用黛绿色画眉，故前蜀韦庄的《谒金门》词中有"闲抱琵琶寻旧曲，远山眉黛绿"之句，明代陈汝元的《金莲记·弹丝》中有"黛绿慵挑，金粉羞调"之句。

铜绿

铜绿色近似铜之锈色，呈青绿色，故名。铜绿是铜在空气中受潮后被氧化，表面所产生的绿色碱式碳酸铜。

铜镜

四

青花蓝

古代的蓝色是由蓝草和黄檗的提取物合成的,往往带点深绿色。

蓝草在周代已开始人工种植,春秋战国时较为普遍。《荀子·劝学》云:"青取之于蓝,而青于蓝。"许慎的《说文》中也有"蓝,染青草也"的记载。古人习惯把蓝色统称为"青",青色在古代还代表着东方方位。

北京天坛祈年殿

　　天坛，建于明永乐十八年（1420），是明清两代皇帝的祭天之所。祈年殿是皇帝举行"祭天"和"祈谷"仪式的主要建筑。三重檐的圆形大殿，以蓝色琉璃瓦覆顶，气势雄伟恢宏

 **碧蓝**

碧蓝是深而澄的蓝色，如夜空或湖水一般的颜色。

 **天蓝**

天蓝是很纯净的蓝色，有类似天空明朗而宽广的感觉。

天蓝釉瓜棱双耳蒜头瓶（清乾隆）

蓝缎地打子绣牡丹纹小脚鞋（清）

京剧人物穆桂英

水蓝

水蓝是一种淡淡的蓝,犹如浅浅的清澈的湖水叠加出来的颜色。古代妇女喜穿水蓝色的裙、袄。

粉蓝

粉蓝色略浅的蓝色,有白色的成分,这种颜色多见于瓷器的釉色中。

浅蓝

浅蓝颜色纯度较高,没有其他颜色成分的参与,具有轻盈、清澈的感觉。

银点翠花卉纹钿花簪

苍青

苍青色是一种混入了黑色的青蓝色,常见于水墨丹青中,多用来表现远山、江水等景物。

 ## 淡青

淡青也叫"淡蓝色",具有洁净而清冷的感觉。明朝对平民百姓着装有着极为严格的规定,一般的贫民阶层称为"贱民",只能穿淡青或浅蓝这些颜色的服装,而且服装的面料也只能是棉麻布的,穿绸缎衣服在当时是违法的。

青花山水人物纹花盆(清康熙)

陶瓷的釉色

瓷釉是中国古代陶瓷装饰的重要内容之一，釉的本质是依附在瓷器坯体表面上的连续玻璃质层，由于釉料中所含原料的不同以及烧成温度及火焰气氛等多种因素，造成颜色和视觉上的不同。

青釉

青釉瓜棱荷叶盖罐（明）

中国最早掌握的颜色釉，以铁为呈色剂，在高温还原气氛中呈现青色，使瓷器表面挂釉有一层锃亮的青光，故名。青翠淡雅的青瓷体现出天然去雕琢的恬静柔和之感，深受文人推崇。中国瓷器经历了一个较长的青釉时代，故品种十分丰富："九秋风露越窑开，夺得千峰翠色来"的秘色瓷；"雨过天青云破处，这般颜色做将来"的汝瓷，皆属此类。

黑釉

广元窑黑釉玳瑁斑兔毫盏（南宋）

黑釉也是以氧化铁为主要呈色剂，但铁元素含量更高。宋代建窑烧制的黑瓷，因含铁量较重以及烧窑时保温时间较长，所以釉中析出大量氧化铁结晶，形成了兔毫纹、油滴纹、曜变等黑色结晶釉，颇为珍贵。明清时期，多在纯净的黑釉上施以各种低温色彩，黑釉成为各种美丽颜色的衬托。

白釉

景德镇窑青白釉佛像（元）

真正的白釉应该是乳白色的乳浊釉，而中国古代除了元代卵白釉是失透的，其他白釉都是由不含金属氧化物呈色元素的釉料高温烧成的透明釉，其釉色反映的是白润瓷胎的色泽。明代永乐年间烧成的甜白瓷也属于透明釉，但其细腻莹润，微闪肉红色的釉色，带给观赏者以甜美沉醉之感，为人称道。

红釉

景德镇窑红釉瓶（清乾隆）

在瓷器上烧制出红色的难度非常大。元代随着对铜红釉的灵活运用，中国瓷器才添加了这道艳丽的色彩。明代烧制的单色纯红釉，色泽纯艳，犹如红宝石，有"宝石红"之称。也有人觉得它色红如霞，故又有"霁红"之名。清代烧制出的豇豆红是一种红色中泛着绿色斑点的神奇釉色，"绿如青水初生日，红仙朝霞欲生时"是其真实写照。

蓝釉

蓝釉堆花瓶（清）

蓝釉多以钴土矿为着色剂。明清时期，钴蓝釉习称"霁蓝"。明宣德霁蓝釉质感凝厚，色泽美艳；清代霁蓝为祭天用瓷，规格较高，由于色调过于沉重，常在素面器物外暗刻花纹和描金彩装饰。蓝釉中还有一种洒蓝工艺，将釉洒在白釉瓷面上，浅蓝色釉中自然分布着白色的斑点，犹如雪花飘洒在蓝色的水面上一般。

黄釉

黄釉绳纹耳罐（清）

明清出现了低温黄釉，以铁锑元素为着色剂，以氧化铅为熔剂，素坯挂釉，经低温氧化焰烧制而成。因"黄"与"皇"同音，黄釉只有皇家才能使用。明弘治年间的黄釉，色如鸡油一般娇艳，又被称为"娇黄"。

温润典雅的青花罐

灰蓝

灰蓝色偏蓝色系，呈蓝灰调子，其色泽淡雅不俗。此色在古代常见于江浙一代所产的青花料所烧制的瓷器中。

古代矿物和植物颜料

朱砂原矿

柿子

中国古代染色用的颜料，以天然矿物或植物为主。原色青、赤、黄、白、黑，被称为"五色"，原色混合又可得到许多不同的"间色"。

青色，古人有"青，取之于蓝，而青于蓝"的说法，其色介于蓝色与绿色之间。主要是用从蓝草中提取靛蓝染成。蓝草种类较多，主要有马蓝、木蓝、蓼蓝、菘蓝。

赤色，中国古代将原色的红称为赤色，最早采用赭石、朱砂等天然矿物染色，牢度较差。周代开始使用茜草，至今仍在使用。

黄色，《说文》记载："黄地之色也。"栀子是中国古代重要的黄色染料，其果实中含有藏红花素，可直接染成黄色。此外黄色染料还有地黄、槐花、黄檗、番红花、郁金、姜黄、柘黄等。用柘黄染出的织物呈赭黄、赭红等不同色泽，眩人眼目，隋代以后成为皇帝的服色。故《本草纲目》记载："（柘树）其木染黄赤色，谓之柘黄，天子所服。"

白色，霜雪一样的颜色，天然矿物白云母是中国古代传统的白色颜料。

黑色，火烟熏出来的颜色。中国古代染黑色的矿物颜料有墨、石墨；植物主要有栎实、橡实、五倍子、柿叶、冬青叶、栗壳、莲子壳、鼠尾叶、乌桕叶等。

绀蓝

绀蓝是以蓝铜矿石为原料制成的矿物颜料，因此也称为"石绀青"；而用人工合成的则称为"花绀青"，多用于中国画颜料。在中国传统建筑中也常有绀蓝色的琉璃瓦出现。

群青

群青也叫"云青"，是一种色泽鲜艳的蓝色。群青最早是用天然的玉青石磨制而成，后以蓝铜矿石为原料，属矿物颜料。此色在中国古建筑彩画中经常与青莲色等色搭配并产生渐变过渡，是使用很普遍的装饰色。

北京北海半月城下陟山桥坊彩绘

琉璃色

琉璃本是一种宝石，在中国佛教文化中被称为七宝之一，琉璃色是带有紫色的蓝色。元代景德镇所产的一种低温色釉中即有琉璃釉。而此色釉始见于战国的陶胎琉璃珠。

蓝琉璃鸱吻

琉璃瓦颜色与建筑等级

蓝琉璃花砖

琉璃瓦是中国传统的建筑物件，通常施以金黄、翠绿、碧蓝等彩色铅釉，因材料坚固、色彩鲜艳，在古代建筑中大量运用。明清时期，琉璃瓦成为只允许宫殿、礼制坛庙和敕建的寺庙使用的高等级建材。琉璃瓦的颜色也有等级意义，在明清两代的皇宫紫禁城中，以黄色琉璃瓦最尊贵，皇帝的主要居所都覆此色琉璃瓦；其次是绿色琉璃瓦，因为绿色表示生长，故太子的居所屋顶用绿色琉璃瓦装饰。

盘长纹吉祥挂饰

　　盘长纹，盘曲连接，无头无尾，无终无止，有"连绵不断、子孙延绵"之意，在吉祥装饰中应用极为广泛。挂饰的主色调为蓝色，粗犷洒脱，富有质感

宝蓝

宝蓝是纯净蓝宝石的颜色，鲜艳、明亮、具有光泽感。在色彩搭配中宝蓝色与金色的搭配高贵华丽与白色或者奶白色搭配又显得朴素典雅。宝蓝还是古代王公贵族们的服饰常用色，为显示身份，还常常将宝蓝色绸缎作为底子，用五彩或是金银丝线刺绣，做成华服，其华丽程度让人难以想象。

藏蓝

藏蓝也称为"藏青"，是接近黑的深蓝色，有红色成分，是一种内涵丰富而不张扬的色彩。藏蓝色在古时是比较普遍的生活用色，无论寻常百姓还是王公贵族都有使用。

藏青暗花缎大镶边马褂

这件马褂圆立领，对襟，圆摆，左右大开气，宽直袖，袖不足臂。在领口、对襟、开气及下摆处均饰以白缎地平针绣蝴蝶纹镶边。正身用藏青缎织龙纹提花，挽袖为蓝缎地上施以平针绣，作折枝牡丹纹装饰。通身素雅中含靓丽，边饰与主花和谐匹配，构成了端庄大气的服饰风格

彩绘瓷

彩绘花鸟图笔筒（清）

彩绘瓷是在坯胎或素胎上绘制装饰图案的瓷器。明清时期，采用不同色料和各种技法的彩绘瓷纷纷出现，形成了许多名贵的彩绘瓷品种，中国瓷进入了彩瓷时代。彩绘瓷可分釉上彩、釉下彩两大部类，分别以青花瓷和粉彩为代表。

青花瓷属于釉下彩品种，先以氧化钴为着色剂，在胎体上画出花纹，然后罩以透明釉，入窑烧成。元代青花在吸取传统瓷器绘画技巧同时，从纸本绘画中引入水墨晕渲之功，使青料浓淡分明，具有中国传统水墨画的艺术效果，无论是彩绘云水走兽，还是描画串枝花叶，都富于层次，加上釉色浸润，更显得活泼秀美，有"人间瑰宝"之称。

粉彩属于釉上彩品种。制作时先在高温烧成的白瓷上勾画出纹饰图案的轮廓，然后在轮廓内用含砷的玻璃白打底，再将颜料施于这层玻璃白之上进行绘画渲染。由于砷的乳浊法作用，玻璃白有不透明的感觉，与各种色彩相融合后，可获得一系列不同深浅浓淡的色调，使彩绘出现浓淡凹凸的变化，增加了彩绘的表现力。自清康熙晚期出现后，至今仍流行不衰。

孔雀蓝

孔雀蓝是蓝色中最神秘的一种，几乎不能确定出准确的色彩色值。此色类似孔雀翎毛的色彩，故名。

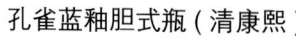

孔雀蓝釉胆式瓶（清康熙）

斗彩

斗彩鸡缸杯（清代乾隆）

斗彩，又叫"逗彩"，是釉下青花与釉上彩相结合的彩绘瓷工艺，创烧于明成化年间。斗彩是先用青花在白色瓷胎上勾勒所绘图案的轮廓线，罩釉高温烧制后，在青花轮廓内填充各种彩色，再入彩炉低温烧成。其釉上之彩色一般为三四种，多则达五六种，色彩都极具特征。鲜红，色如新滴鸡血鲜艳；油红，色浓艳而有光泽；娇黄，色娇嫩透明；杏黄色闪微红；蜜蜡，色黄中透亮；姜黄，色浓光弱；松绿，色浓而闪青；孔雀绿，色浅翠透明。其与釉下淡雅的青花形成热烈鲜明的对比，有很好的艺术效果，成为瓷器中的精品。

鸦青

鸦青色因类似乌鸦羽色而得名，在黑色中带有紫绿色成分。传说远古时代的黄帝有一只暗青色的神鸟，赤脚，一足，不食五谷，能衔火，叫"木精"，也称"鸦"。元代曾出现过一种青色纸币，被称为"鸦青钞"。在服饰方面，明代流行以鸦青色搭配鹅黄色，以及桃红色，这种搭配色调协调、华美，不俗气、不浮躁，深受当时妇女的青睐。

青花花果纹盘（清康熙）

青花云鹤纹盘（清康熙）

石青

石青色是一种很深的蓝色，但却毫无沉闷死板之感。在古代服饰中，沉稳的石青色常会与热烈的大红色搭配，两种颜色的明度和饱和度都很高，相配之下显得颜色夺目。

石青缎地织锦五彩云八蟒袍

这件女袍圆领，大襟，左右开气，宽下摆。在石青地上以缂丝法绘云龙海水纹饰，正背面及两肩饰正面八爪蟒各一，衣襟处有行蟒四条，又用深浅不同的多种颜色织成吉祥云纹，繁密无隙。云中有红黄两色蝙蝠出没，寓意"万福流云"。下摆及中接袖处都是海水江崖，并有"海中三山"耸立。综观其气势，纹样密集，极尽精工，当为命妇之冠服。通体简约，但不失华贵之气

景泰蓝工艺

景泰蓝梵文碗（清乾隆）

景泰蓝是一种以瓷铜结合的独特工艺品，又名"铜胎掐丝珐琅"。其工艺是先用紫铜制胎，在上面作画，再用铜丝在铜胎上根据所画的图案粘出相应的花纹，然后用色彩不同的珐琅釉料镶嵌在图案中，最后再经反复烧结，磨光镀金而成。这项工艺始于明代景泰年间，而且初创时只有蓝色，所以叫景泰蓝。

绀色

绀色亦称"天青",是一种略带红色的深青色。在清代康熙年间,此色常常被作为马褂的用色出现在贵族男子的服饰中。

中国传统印染技术

中国古代印花织物通称作"缬",印染工艺多彩丰富,较具代表性的有䌷缬、夹缬和绞缬等三种。

䌷缬,又称"蜡缬",即蜡染。用融化的蜡在织物上画出图案,然后入染,煮出蜡,显出色地白花。由于蜡的收缩产生许多裂纹,入染后色料渗出,形成花纹上呈现丝丝不规则的纹理,具有独特的装饰效果。

夹缬,用两块雕镂相同图案的花版,将布帛夹在中间,在镂花处染色,成为花纹。其图案特点是花纹对称,具有均衡规律的美。

绞缬,用线将布扎成各种花纹,钉紧后入染,钉扎部分不能染色,形成色地白花图案,具有晕染的效果。

随着染色工艺技术的不断提高和发展,染色也不断地丰富。唐代中国丝织便已有24种颜色,其中红色有银红、水红、猩红、绛红、绛紫;黄色有鹅黄、菊黄、杏黄、金黄、土黄、茶褐;青、蓝色有蛋青、天青、翠蓝、宝蓝、赤青、藏青;绿色有胡绿、豆绿、叶绿、果绿、墨绿等。

黛蓝

黛蓝深蓝而偏黑的颜色。在中国画中此色常被用来表现隔着雾气深色的远山。

靛蓝

"靛蓝"是中国古代传统植物染料的名称,也叫"靛青"。青色主要是用从蓝草中提取的靛蓝染成。能制此色的蓝草有很多种,古代最初用的是马蓝。

利用靛青印染织物,是中国民间传统手工工艺。首先要把靛蓝溶进大缸内,然后将布或纱放在大缸中。染色的深浅不是以时间计算,而是按次数计算:老蓝需复染十七八次;毛蓝十一二次;水蓝则需七八次。染出的布漂洗干净,待晒干后,需放在一种元宝形的"滚石"下面压磨抛光。

蓝印花布图案

五

富贵紫

　　在中国传统色彩中，紫色是一种高贵优雅并且吉祥的颜色，它比红色多了几分含蓄，比蓝色多了几分温婉。古代还以紫色云气为祥瑞之气，附会为帝王、圣贤出现的预兆。紫色一度被皇权所用，成为代表权贵的色彩。"紫微星""紫禁城""紫气东来"都和富贵权力有关。

　　春秋战国时期，紫色便出现在了国君的服饰上。南北朝以后，紫袍更是成为高官的公服，有诗曰"紫袍新秘监，白首旧书生"。富足的人都将此搭配色奉为流行色，以显示身份，"紫衣狐裘"成为贵族的代名词。到了唐朝，人们更是崇尚紫色，甚至在服饰中规定亲王及三品官员以紫色为常服。

娇艳妩媚的紫花

丁香色

丁香色是类似紫丁香花的颜色，故名。带有淡雅清逸的色彩感觉。

藕合色

藕合色也叫"藕色"，在浅紫色中带有灰色成分。在《扬州画舫录》中有"深紫绿色曰藕合"的描述。清乾隆年间流行一种白底长筒靴，以藕合色缎衬黑绒云头贴花嵌金线，鞋头上还装有能活动的剪绒蝴蝶作为饰物，或在其上绣蝴蝶图案，人称"蝴蝶落花鞋"。因旗人女子不用缠足，所以这种式样的鞋男女都可以穿。

缎地包花绣"福寿三多"云肩

紫色云海中的群山

淡紫

淡紫指很浅淡的紫色，给人轻柔的感觉。人们经常说的"紫气"，就是指在初升的阳光照射下，轻柔的雾气所呈现出的淡紫色的调子。唐代诗人李白的《望庐山瀑布》一诗中有"日照香炉生紫烟"之句。

刺绣

刺绣，又称"针绣"，是在织物上以绣针引彩线反复穿绕形成纹样的一种装饰工艺。因刺绣多为妇女所做，故又称"女红"。刺绣是中国传统手工艺之一，源远流长，早在商周时期的章服制度中，就规定"衣画而裳绣"。湖南、湖北等地出土的绣品，代表了春秋战国和两汉时期的刺绣工艺水平。唐宋时期，用刺绣作书画、饰件非常盛行，施针匀细，设色丰富。到了明清，宫廷的刺绣工艺达到较高的水平。民间刺绣也不断发展，先后产生了苏绣、粤绣、湘绣、蜀绣，被称为"中国四大名绣"。

刺绣的工艺复杂，其中的配色非常讲究，绣料有白、红、黄、蓝、绿、黑、橙、紫、青等颜色。以白色绣料最好配色，在其他颜色的绣料上，若配色不好，效果就差。一般来说，绣料色浅，绣的图案色就要深；绣料色深，绣的图案色就要浅。但并非不能在绣料上使用邻近色的绣线，只要用得适当，使图案与绣料相协调、映衬就好。以苏绣为例，苏绣的色彩讲究丰富多彩、淡雅秀丽，忌讳大红大绿。绣一片云、一朵花，选用的绣线多达几十种颜色，甚至更多，绣出的图案则雅致清丽、色彩变化微妙、艳而不俗、雅而不薄。

女褂（清）

雪青

　　雪青色是淡紫色中含蓝的颜色。雪青缎在古代多用来做服饰或者鞋子。古时还有一种特殊的首饰在贵族间很流行，那就是用翠鸟的羽毛制成的点翠首饰，翠鸟毛又以翠蓝色和雪青色为上品。

楝色

　　楝色因类似一种叫"楝"的落叶乔木所开的淡紫色小花，故名。

紫藤色

　　紫藤色是像豆科类蔓生木本植物紫藤花的颜色，故名。

黛紫

黛紫是青黑而偏深紫的颜色。古代多为女子服饰面料用色。

绀紫

绀紫是一种接近黑里透红的紫色。《论语·乡党》中有"君子不以绀緅饰,红紫不以为亵服"之说。同时,据明代《表异录·钱币》中记载,"紫绀"还是一种古钱币名。西汉时期币制很混乱,因此汉武帝在统治期间规定铸钱必足五铢,其材料改用紫铜,因而人们称为"紫绀钱"。

赵飞燕　佚名(清)

赵飞燕身穿紫色襦裙,在毯上踏歌而舞,裙裾飘飘,婀娜动人

富贵紫

点翠工艺

银点翠帽花

工匠们将金、银片按花形制成底托，再用金丝随图案花形的边缘焊起，中间凹下去的部分涂上胶水，将剪好的柔细的翠鸟羽毛轻轻地用镊子排列在涂了胶的底座上。翠鸟的羽毛本身具有美丽鲜亮的光泽，再配上金光闪闪的凸边显得非常华丽。制作一朵头花需要许多翠鸟，如此珍贵的头饰只流行于王公贵族家的妇女中。

青莲

青莲指的是浅紫色。"青莲"不仅仅是一种颜色，因佛教认为莲花清净无染，所以常用此来比喻佛眼或指称和佛教有关的事物，如《维摩经》中的"目净修广如青莲"，以及唐代刘禹锡《闻董评事疾因以书赠》一诗中"繁露传家学，青莲译梵书"之句。在清代光绪年间很流行此色，从那个时候的建筑彩画和服饰中可见一斑。在古代青莲色是以苏木水薄染，再加入莲子壳、青矾等染出的色料。

青莲暗花缎大镶边女衫

紫草色

紫草色是从多年生的紫草科植物紫草中提取，颜色暗红带紫，既可作染料，又可作为天然的食用色素。

紫檀色

紫檀色即紫檀木的颜色，故名。紫檀木也称青龙木，是一种珍贵的树木，其木材硬度极高，色泽紫黑如漆，历来为帝王将相所珍爱。据说紫檀木百毒不侵，万古不朽，又能避邪，所以古代贵族们常常把紫檀木所制配件作为吉祥物佩戴。

紫檀木南官帽椅（清）

紫檀木雕云龙纹大角方柜（清）

齐桓公好服紫

《韩非子》中有这样一个故事：齐桓公喜欢穿紫色衣服，臣民争相效仿，紫色衣服在齐国流行起来。当时紫衣的售价很贵，五件素服之价不抵一件紫衣。齐桓公对这种奢靡之风有些忧虑，对丞相管仲说："我好穿紫衣，紫衣这么贵，全国百姓又喜好紫衣不止，该怎么办呢？"管仲说："你想制止它，何不自己先不穿呢？同时您可以对身边的侍从说：'我非常厌恶紫色衣服的气味。'"此后齐桓公再不着紫衣，见到侍从中有穿紫衣来进见，桓公说："退后点，我厌恶紫色衣服的气味。"就在当天，宫中就没有人再穿紫色衣服了；当月，国都中没人再穿紫色衣服了；当年，全国百姓穿紫衣的也没有了。

葡萄色

葡萄色为近似成熟葡萄的深紫色，故名。古代是以苏木深染而成的色料。明代宣德年间所产瓷器中就有这种深紫色的釉色。清康熙时也有一种很珍贵的高温紫釉被称为"葡萄釉"。

紫棠

紫棠色黑紫中泛红。清康熙时期最有影响的紫砂壶大师陈鸣远曾制作过一件色呈紫棠色的"鸡首壶"，堪称紫砂壶艺术之精品。

六

水墨黑

在阴阳五行理论中,黑色是玄武,方位上象征着北方,代表"水"。

相传在远古的夏代和秦代皆尚黑。夏人以黑色为贵,凡是上古社会的重大事件、神圣的场合,都是一定要用本部族最崇尚的色彩的。如丧事会在昏黑的夜晚进行,而征战乘用的战马、祭献用的牺牲都是黑色的。秦始皇时代秦人根据五行学说认定自己符合水德,水与黑色配合,所以秦代也尚黑,从帝王到平民都穿用黑色服。

中古之后,黄色、朱色成为正色,黑色在主流社会中逐渐退出,加之佛教的盛行,一定程度上也影响了黑色地位的变化。佛经中常将黑色与罪恶相联系,因此黑色开始有了等而下之的贬义,如隋炀帝时期规定黑色衣服是屠夫与商人穿的。

芦雁荷花图轴 八大山人（清）

烟煤色

烟煤色指的是黯淡无光的深黑色，在《史记·孔子世家》中有"黯然而黑"之说。

墨色

墨色是墨的色泽，也就是黑色。传统书画所用的墨是以松烟或油烟制成，中国传统水墨画有"墨分五色"之说，这是因用水的不同而有焦、浓、重、淡、清之别。

墨分五色

丝绸绘画作品

中国画中"墨"并不是简单地看成一种黑色，表现物象时，可通过墨的"干、湿、浓、淡、焦"五种不同的浓淡程度使画面产生色彩的变化。其中"干"与"湿"是水分多少的比较；"浓"与"淡"是色度深浅的比较；"焦"在色度上深于"浓"。

干，墨中水分少，山石的皴擦多用其表现，以产生苍劲、虚灵的意趣。

湿，墨中加水多，多用于渲染，或使画面具有湿润之感，表现水墨淋漓的韵味。

淡，墨色淡而不暗，淡而不失神，远端物象或物体的明亮面多用其表现。

浓，墨色浓黑，近端物象或物体的阴暗面多用其表现。

焦，比浓墨更黑，常通过勾点或皴，来突出画面。

黛色

黛色也作"螺黛色",黛是一种青黑色矿物颜料,古代妇女最早用来画眉的材料。在《红楼梦》中曾提到:"西方有石名黛,可代画眉之墨。"宋代欧阳修《阮朗归》词:"浅螺黛、淡燕脂,闲妆取次宜。""黛娥""粉黛"等词汇常被借用来比喻成美女或者跟美女有关的事,如唐代诗人白居易的《长恨歌》中有"回眸一笑百媚生,六宫粉黛无颜色"之句。

雍正妃行乐图 佚名(清)

古代妇女的妆容

唐代画眉式样

中国古代妇女讲究面部的妆饰，隋唐五代时此风尤盛。常见的装饰手法包括画眉、敷妆粉、涂脂、面靥、额黄、花钿、点唇等。

画眉是指涂染眉毛，以修饰和改变眉形的化妆术，所用材料以黑色矿石石黛为主。秦汉时期崇尚长眉；唐代妇女眉型偏好浓艳；宋代眉型更趋清秀；元代后妃眉型一律都为一字眉；明清时期，妇女崇尚秀美，眉型大都纤细弯曲。

敷妆粉是指在面部敷抹粉状化妆品，以改善面部肤色，所用材料分为米粉、铅粉、水粉等，多色泽鲜亮，具有良好的美白效果。汉族妇女一直是以白为美，这种妆饰是以白粉敷满脸部，两颊不施胭脂，多用于宫中妇女。

涂脂主要指在面部点红，以胭脂为主。胭脂是从植物中提取液体，和动物膏脂混合而制成的红色化妆品。用的时候取出放于手心，滴一两滴水，用手推匀后拍于双颊，使之"嫣红颜色好"。

面靥是一种在面颊上贴花钿的化妆术。相传三国时期，吴太子孙和酒后误伤了宠姬邓夫人的脸颊，伤愈之后脸上留下斑斑红点，孙和反而觉得邓夫人这样更为娇媚。很快宫廷、民间就兴起了丹脂点颊。

额黄又称花黄、鹅黄、鸭黄、约黄，是古代流行的一种女性额饰，把金黄色的纸剪成各式装饰图样，或在额间涂上黄色。这种化妆方式是女性从涂金的佛像上受到启发，将自己的额头也染成黄色，久而久之就形成了染额黄的习俗。北朝《木兰诗》里，少女花木兰替父从军归来了，脱去战袍后，"当窗理云鬓，对镜贴花黄"。

点唇是指以唇脂点染嘴唇，以修饰和改变唇形的化妆术。根据点唇的手法、形状和色彩等不同，出现了名目繁多的种类，但中国妇女的点唇样式，一般以娇小浓艳为尚，最理想、最美观的嘴型，就是像樱桃那般娇小、鲜艳，俗称"樱桃小口"。

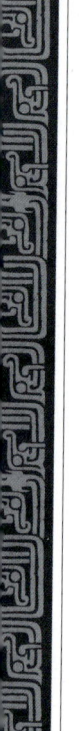

陕西陇县社火脸谱

玄青

玄青是一种发蓝的深黑色。古人把黑色视为青色的一种。玄青色自古是中国道教所崇尚的颜色,道士头戴玄青色的道巾,代表着头顶青天。

玄色

玄色指赤黑色,即黑中带红,也泛指黑色。古代以芦木、杨梅皮等煎水而成玄色。受夏朝影响,周朝人虽尚赤,但对赤黑之间喜好的差别并不分明,《礼记·月令》中记载周天子在祭天时所穿的礼服即为玄衣,"乘玄辂,驾铁骊,载玄旗,衣玄衣,服玄玉",连冬季也要"居玄堂"。

花釉执壶(唐)

花釉,又称"唐钧",是唐代瓷器中独树一帜的新品种。其特点是在黑釉、酱褐色釉、灰褐色釉、茶叶末釉上饰以乳白色、灰紫色、蓝色、天蓝色等装饰釉

黧

"黧"指黑里带黄的颜色,古代人们常用来指代有毒的蜜蜂或者毒蛇的颜色。

漆黑

漆黑即黑亮如漆器中的黑色,故名。中国的漆器艺术始于战国,汉代达到鼎盛时期,取代了青铜器。漆器的特征主要是采用色彩鲜艳的红黑色调搭配,给人大气磅礴的感觉。

长方形粉彩漆奁

黑漆描金花卉纹茶壶桶(清)

黝色

"黝"是偏青的深黑色。最早，黝色的服装被称为"奇邪"之服，还被列为禁色。但到了宋代，人们尚紫色，故仁宗时"有染工自南方来，以山矾叶烧灰，染紫以为黝"。《宋史·服舆志》中也有相关记载，妇女有以黝色为衫或佩带者。到真宗时，就连皇亲与内臣的紫衣也都加深而改为黝色，有的甚至还把紫色的朝袍加深染为了黝色。后来士庶渐相仿效，虽屡禁不止，但还是渐成习俗。

水墨黑

乌色

乌色指暗而浅黑的颜色。唐代官吏皆戴一种黑色的乌纱帽，简称"乌纱"。

古代官服制度

唐代之前，官员们服饰的色泽较为统一，颜色多根据五行相替而定。如周以火德而得天下，其官员服装为红色；秦代取"水克火"之意，官员制服为"尚水德"的黑色；汉承秦制，服装的颜色也为黑色。

唐代规定根据官员不同的官阶，穿戴不同颜色的服饰，从官服的颜色便能看出官员品阶的高低。此时规定：黄色为皇帝的专用色，三品以上官服为紫色，四品为深绯色，五品为浅绯色，六品为深绿色，七品为浅绿色，八品为深青色，九品为浅青色。官职中有职务高而品级低的，仍着原品服色，如不到三品而任宰相的，按原服色着装。州刺史则无论品阶一律着绯红官袍。杜甫在《琵琶行》所说"青衫"，便是他被贬为九品的江州司马一职所着服饰颜色。

明代官服在服色上仍有规定，一至四品为绯色，五至七品为青色，八品、九品为绿色。此时官服除了颜色有所区分外，胸前还有绣着各种祥禽瑞兽图案的"补子"。文官绣禽鸟，武官绣走兽，但一品至九品有差异。清代除了皇子和特别赐允的亲王、郡王可着金黄色，百官袍服一律为石青色。此时"帽珠"和"补子"成为区分官员品阶的标志。

缁色

缁,本意是"帛黑色",缁色是黑色中略微带点红的颜色。唐代诗人陆游在《自小云顶上云顶寺》中有"素衣虽成缁,不为京路尘"的诗句。"缁衣"本为古代用黑色帛做的朝服,后泛指黑色衣服。东晋时僧人皆穿缁色僧服,因此"缁衣"又借指僧人。

皂色

皂色也是一种黑色,古代以栎实、柞实等的壳煮汁,可以染出皂色。汉代常用皂色素绢制作委貌冠。但在隋朝则规定商贩奴婢等低下之人必须穿皂色,以明其下贱。明代洪武年间的皇帝冠服中曾用皂色做领。

虎头帽

虎头帽是中国民间儿童服饰中别具特色的童帽样式,以虎头为形象。虎头帽多以黑色布帛缝制而成,其上刺绣各种花纹,或是缝缀金银饰品

七

玉脂白

  白色是一种素色，古代人们把白绢等都称为素绢，如常说的"素衣朱绣"。白色有很多种，人们认为玉器的白色最为高贵美丽。因为中国传统文化崇尚玉器，认为玉是道德与修养的标志，故有"君子无故，玉不离身"之说。由于羊脂玉是玉中的极品，其色纯洁无瑕、温润清透，故而人们认为羊脂白玉的色，是白色中最美的色彩。

  同时，白色本身是无色之色，它似乎是对色彩的抽象，代表着纯洁素雅，仿佛有种神秘的气氛。在《周易》中，黑白两色代表阴极和阳极，表现宇宙永恒的运动。而在中国的民俗传统中，白色总是与死亡、丧事相联系，如民间以"红白之事"代表婚丧两事。

  因此白色的内涵中增加了一种不吉的意味，以至于后来演变到京剧的脸谱中，用白色来象征阴险、疑诈的人物性格。

雅器奉香茗

白瓷茶具色泽洁白,如雪似玉,釉色匀净明润,能很好地映衬出茶的汤色。

茶白

茶白指如茶花的白色。茶是茅草、芦花之类植物所开的白花。

雪白

雪白指的是像雪一样纯洁的白色,毫无杂色。六朝时,贵族子弟用雪白的细绢来做裤子,后以借指富贵人家子弟为"纨绔子弟",含贬义。

霜色

霜色是带有冷调的白色。古人认为白露凝结为霜,"霜色"一词常为诗人所用,如唐代诗人周贺的《赠神邈上人》中"道情淡薄闲愁尽,霜色何因入鬓根",以及刘沧的《题书斋》中的"气凌霜色剑光动,吟对雪华诗韵清"等诗句都曾借用此色。

苍白

苍白指白而微青的灰白色。

陕西凤翔泥塑座狮

白地褐彩童子纹罐

已经结好的蚕茧

粉白

粉白色如秋天飞扬的苇穗芦花。粉白色的胎体是明代成化年间官窑瓷器的特征之一。"粉白黛黑"语出《列子·周穆王》，指女人的妆饰流行以白粉敷面，让脸更白；以黛黑画眉，使眉更黑。

月白

月白在古时也称"缥色"，就是带有一点微蓝的白色。"缥"本指青白色的丝织品，后指青白色，即月白色。此色也是江南染坊的染色之一，古时候用筅兰煎水，半生半熟染出，多用在服装面料中。清代《大清会典》中记载，皇帝在月坛祭月时必须穿月白色的礼服朝拜。晋代浙江地区产有一种青瓷，釉色月白，被称为"缥瓷"。

玉脂白

钧窑月白釉荷叶盖罐（金）

元代的尚白习俗

蒙古族是元代的建立者，自古就尚白、尊白，这从蒙古的起源传说就能得到体现。相传在远古，一只受天命而生的苍狼和一只白色的鹿在位于斡难河河源的不儿罕山下结合，生下一个男孩，这就是蒙古族的祖先巴塔赤罕。因此蒙古先人称自己为苍狼白鹿的后代，认为白色是所有颜色的母亲，其他的颜色只有在白色的映衬下才能显示出来。在元代，白色被视为圣洁、高贵、吉庆的象征。蒙古人在正月里穿白色服，骑白马，以洁白的哈达表达最高敬意，用白色马奶酒祭祖先。

绢人

  绢人是用丝、绸、纱、绢、罗、绫等材料制成的立体人型工艺品,多以中国古代仕女、戏剧人物和民族舞蹈造型为题材,神态各异,栩栩如生,制作精美,色彩绚丽,具有观赏价值

铅白

铅白指是铅粉的白色，故名。铅粉的主要成分是碱性碳酸铅，质地细腻，色泽润白，并且易于保存，古时的妇女多用其敷面，后来人们多用"洗尽铅华"来形容一个女人抛开浮华世俗的外表而素面生活。

胡粉色

胡粉色是中国画中常用的一种颜色，是用贝壳烧制而成，可与其他颜料调和使用，也可以用作打底的化妆品。

缟色

缟色也称"白练色""本白色"，略带淡黄。"缟"是指未经练染的本色生绢。古时女子曾流行穿白绢上衣与浅绿色围裙，称"缟衣綦巾"。

玉脂白

白缎地平针绣松鹤延年四君子马面

鱼肚白

鱼肚白是一种带有点淡淡的青紫色的白，似鱼腹的颜色，故名。黎明时东方的天空常会呈现鱼肚白色。此色清澈爽朗，给人很洁净的感觉。

乳白

乳白也叫"奶白色"或"牛奶色"，不像纯白色那般刺眼，是一种略带淡黄的白色。中国著名的和田玉和端砚的鱼脑冻、蕉叶白里就带有乳白色，显得色如凝脂，温润无比。

另外，扬州地区自古在澡堂门口皆是挂乳白色的灯笼，其意喻水。因纯白色的灯笼不太吉利，故选用乳白色以招徕顾客。

象牙白

象牙白一般简称"牙白"，在白色中微闪黄色。在古代，象牙色是以芦木煎水薄染而成。明代著名的德化窑"象牙白"瓷，其光泽如绢，凝脂似玉，胎白质坚，有一种莹润感。五大名窑之一的定窑所生产的瓷器中，也有一种釉色称为象牙白。

象牙笔筒（清）

八

长城灰

　　提到灰色，人们最先想到的大概就是长城的青灰色调。
　　"灰"的本意是指物质充分燃烧残留的粉状物。灰色是介于白色和黑色之间的颜色，黑色和白色各自成分比例的不同，所产生出来的灰色也不尽相同。灰色具有柔和、高雅而含蓄的感觉，是万能色，可以跟任何一种色彩相搭配。

蜿蜒起伏的万里长城

浅灰

浅灰色即灰白色。清嘉庆时很流行穿浅灰色服饰，以显示文人含蓄而高雅的气质。

银鼠色

银鼠色也叫"白鼠色"，因类似银鼠的皮毛而得名。银鼠的学名叫伶鼬，是鼬科小形哺乳动物，冬天时被毛变为白色，色泽匀净，毛质细软，是制作皮草的重要原料之一。在古代银鼠皮是宫廷朝贡的御用品，很受上流社会崇尚。高贵的灰色皮毛加上金银丝线刺绣的衬托，尽显富贵。

苍色

苍色即青灰色，属于深色系的灰色。是一种雅致细腻的颜色。

瓦当（汉代）

青砖墙上的"婴戏图"砖雕

灰鼠色

灰鼠色也叫"青鼠色"，类似灰色松鼠皮毛的颜色，故名。古代的豪门望族多用这种颜色的绸缎来做衣服，高贵的灰色加上丝绸布料的光泽使人感觉华丽至极。而且它还可以搭配任意一种颜色，能调和任意一种对比色。

墨灰

墨灰色就像是加水稀释的墨的颜色，没有什么色彩倾向，但朴素大方，是很实用很普遍的一种大众色。

墨彩山水笔筒（清雍正）

笔筒外壁以墨彩绘山水图，意境深远，清逸雅致。墨彩是清雍正年间景德镇用国产料仿烧水墨珐琅的效果施于瓷器上的彩料，先在白瓷器上以黑料绘画纹样，再低温烘烤，形成白纸上以墨笔作画般的效果

藕灰

藕灰色是以等量的红、黄色略加蓝色调配而成,其色内敛而低调,在古代是普遍使用的服装面料的颜色。

铅色

铅色指像氧化铅一样的灰色,带有青色意味,其感觉像铅一样的厚重。

石雕抱鼓石

抱鼓石是中国古代建筑中常见的石制构件,一般位于家宅门口,因形似抱鼓而得名。抱鼓石上还雕刻着栩栩如生的石狮子

九

奢华金

  金色是诸色中表现华贵、庄重的颜色。它象征宽容，给人阔达而丰饶的感觉。自古以来，金色一直是富贵权势和地位的代表色，被王公贵族们所崇尚和追逐。皇帝大臣们的朝服、宫廷贵妇们的首饰，还有皇家建筑上的彩绘等，都大量使用金色以体现高贵和富丽堂皇。

  在中国画中以金箔和胶水制成金色颜料，用于书画或涂饰笺纸。古代工匠们还利用不同成色的黄金制成金线，织成锦帛或用于刺绣，但这等服装非寻常百姓所拥有，多出现在皇公贵族中，如皇帝的龙袍等。京剧脸谱中，金色被用来象征各种神怪形象。

铜鎏金菩萨立像（清乾隆）

　　这尊像工艺精湛，金光耀目，庄严肃穆。菩萨神态沉静安详，头戴花冠，肩披帛，戴璎珞，饰物华丽，袒上身，下着裙，立于莲花座上

紫赤金色

赤金就是千足金,紫赤金色是略带红色的金色。古代用紫赤金锤成金箔,贴在寺庙中的佛像上,以示虔敬之心。《天工开物》中记载,金黄色染料的制法是用芦木煎水,复用麻槁灰淋,碱水漂制而成。

田赤金色

田赤金色指偏白的黄金色,多用在建筑彩画或进行亮部表现。以银箔用硫黄熏成此色可以代替黄金使用,但缺点是日久会褪色。

五台山金塔

花黄

古代美女们贴的"花黄",其典故出自南朝时期宋武帝的女儿寿阳公主。一日,寿阳公主与宫女们在宫廷里嬉戏,感到有些累了,便躺卧在含章殿的檐下小憩。此时微风吹来,有腊梅花落到了寿阳公主的额头上。经汗水渍染留下淡淡的花痕拂拭不去,使寿阳公主显得更加娇柔妩媚。皇后见了,十分喜欢,特意让寿阳公主保留着它,三天后才将其用水洗掉。后来宫女竟纷纷效之,出现"六宫争肯学梅妆"的盛况。

黄金色

古代以药草郁金的根茎加工可以染成这种浓郁的黄色以替代黄金使用。汉代漆器中曾有金银贴箔的工艺,即用金箔制成各种图纹,然后再贴在器物的漆面上,或以金粉调和在油漆里涂饰器物。在清代宫廷建筑的彩画中也大量用黄金色,即在主要线条图案上以黄金色勾绘或洒金、贴金。古代妇女还有把黄金色的纸剪成各式花形或装饰图案等贴在额间的习俗,称之为"花黄"和"额黄",《木兰诗》中有"当窗理云鬓,对镜贴花黄"之句。

金丝嵌松石坛城(清)

十 雪花银

在中国，使用银的历史至少已有两千年了，银常以纯银的形式存在，在古代一直充当着商品交换的媒介，人们习惯称为"雪花银"。

银色是高调的亮白，像雪花般莹白明亮，常被用来形容白而有光泽的东西。银色比金色温和内敛，显得雅致而高贵。银色也是万能色，与其他色彩都能配合。

藏式银制工艺品

这组藏式银制工艺品,色彩亮丽,风格粗犷古朴,既是精美的工艺品,也有实用性

老银色

老银色是银由于长期跟空气接触发生氧化而发黑的颜色,虽不像新银那样亮白,但是显得更加内敛而富有质感。

银"兰桂腾芳"长命锁

长命锁又称"百家锁",是古代挂在儿童脖子上的一种饰品。清代长命锁多以银制成,上部为项圈,下部为坠饰物。锁的正面多錾刻"长命百岁""长命富贵""兰桂腾芳""百家保"等吉祥文字,以寄托对孩子平安、健康的期望

反弹琵琶图（唐）敦煌第 112 窟

银白

银白是光泽柔和而明亮的颜色,闪耀着月亮般的光辉。在敦煌石窟壁画中曾用有一种银光闪烁的银白色颜料,是用天然的云母粉制成。

雪花银

银制吉祥文字帽花

附录

中国红

名称	CMYK
浅粉色	c0 m10 y0 k0
粉红	c0 m25 y8 k0
桃红	c0 m55 y19 k0
水红	c6 m24 y0 k10
洋红	c0 m92 y0 k0
品红	c0 m100 y0 k0
玫瑰红	c0 m90 y0 k0
海棠红	c17 m78 y45 k0
樱桃色	c7 m95 y45 k0
嫣红	c7 m66 y36 k0
茜色	c26 m89 y56 k0
胭脂红	c32 m89 y24 k0
赫赤	c15 m98 y60 k0
砖红	c0 m60 y60 k0
珊瑚红	c0 m64 y65 k0
朱红	c0 m70 y100 k0
铅丹色	c0 m72 y63 k7
妃色	c7 m79 y78 k20
猩红	c0 m86 y100 k0
大红	c0 m100 y100 k0
石榴红	c0 m100 y80 k0
枣红	c20 m78 y80 k0
豇豆红	c10 m80 y60 k0
银红	c16 m86 y70 k0

铁锈红 c0 m80 y80 k30	长春色 c25 m70 y53 k0	檀色 c37 m66 y58 k0
豆沙色 c48 m78 y66 k10	茶色 c37 m75 y76 k1	杏红 c0 m58 y80 k0
绛紫 c53 m84 y57 k8	殷红 c33 m100 y86 k1	棕 c0 m100 y100 k50
栗子色 c0 m60 y100 k50	棕褐 c45 m82 y100 k11	

琉璃黄

明黄 c7 m4 y77 k0	樱草色 c5 m0 y65 k0	栀黄 c0 m25 y70 k0
米黄 c5 m20 y90 k0	藤黄 c0 m25 y90 k0	橙黄 c0 m50 y100 k0
蛋黄 c0 m30 y75 k0	杏黄 c0 m40 y82 k0	橘红 c0 m67 y92 k0
鹅黄 c15 m0 y71 k0	姜黄 c2 m30 y59 k0	枯黄 c7 m50 y80 k0
蜜合色 c0 m28 y42 k0	黄栌色 c2 m52 y75 k5	琥珀色 c20 m60 y85 k0

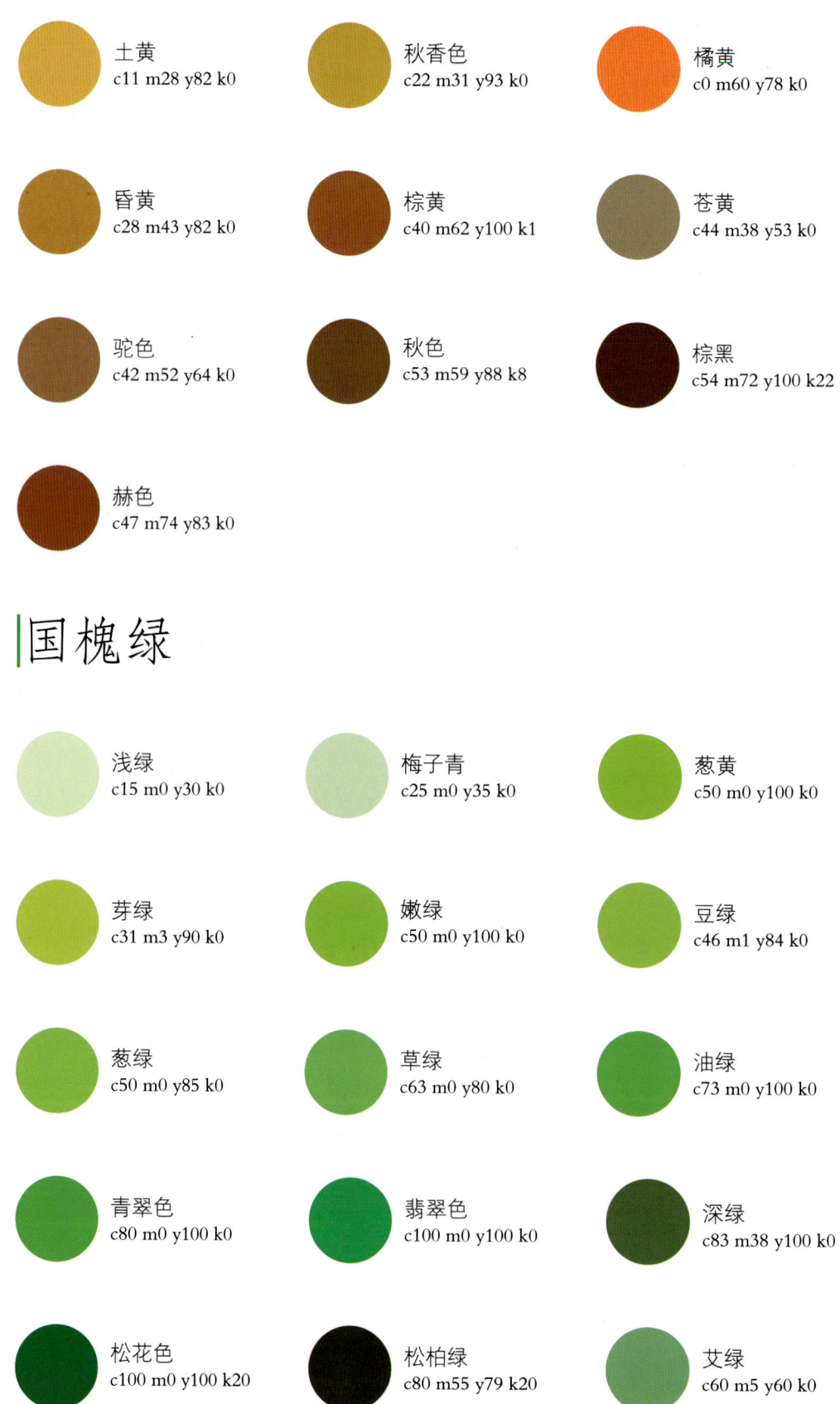

国槐绿

名称	CMYK
土黄	c11 m28 y82 k0
秋香色	c22 m31 y93 k0
橘黄	c0 m60 y78 k0
昏黄	c28 m43 y82 k0
棕黄	c40 m62 y100 k1
苍黄	c44 m38 y53 k0
驼色	c42 m52 y64 k0
秋色	c53 m59 y88 k8
棕黑	c54 m72 y100 k22
赫色	c47 m74 y83 k0
浅绿	c15 m0 y30 k0
梅子青	c25 m0 y35 k0
葱黄	c50 m0 y100 k0
芽绿	c31 m3 y90 k0
嫩绿	c50 m0 y100 k0
豆绿	c46 m1 y84 k0
葱绿	c50 m0 y85 k0
草绿	c63 m0 y80 k0
油绿	c73 m0 y100 k0
青翠色	c80 m0 y100 k0
翡翠色	c100 m0 y100 k0
深绿	c83 m38 y100 k0
松花色	c100 m0 y100 k20
松柏绿	c80 m55 y79 k20
艾绿	c60 m5 y60 k0

柳绿
c56 m24 y65 k0

竹青
c61 m36 y70 k0

苍翠
c71 m26 y64 k0

鸭蛋青
c16 m3 y11 k0

蟹壳青
c32 m14 y24 k0

白青
c45 m0 y35 k0

湖绿
c58 m0 y38 k0

粉绿
c70 m0 y40 k0

秘色
c61 m14 y34 k0

碧绿
c64 m0 y55 k0

青碧
c67 m2 y47 k0

孔雀绿
c85 m10 y45 k0

黛绿
c79 m56 y58 k8

铜绿
c70 m30 y50 k5

棕绿
c57 m54 y100 k7

青花蓝

水蓝
c15 m0 y7 k0

粉蓝
c22 m0 y7 k0

浅蓝
c40 m0 y5 k0

天蓝
c62 m0 y7 k0

淡青
c21 m9 y1 k0

灰蓝
c43 m28 y13 k0

苍青
c61 m35 y28 k0

碧蓝
c57 m0 y15 k0

宝蓝
c79 m66 y0 k0

孔雀蓝
c70 m15 y19 k0

琉璃色
c97 m65 y0 k0

群青
c100 m70 y0 k0

藏蓝
c91 m96 y23 k0

靛蓝
c94 m71 y41 k3

绀蓝
c100 m85 y15 k0

黛蓝
c82 m70 y50 k11

绀色
c100 m85 y50 k24

石青
c89 m75 y35 k1

鸦青
c82 m70 y50 k11

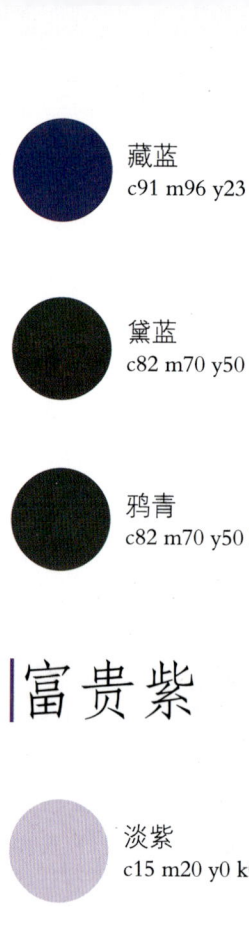

富贵紫

淡紫
c15 m20 y0 k0

藕合色
c13 m27 y11 k0

丁香色
c27 m41 y0 k0

雪青
c38 m37 y0 k0

楝色
c42 m42 y0 k0

紫藤色
c58 m60 y0 k0

青莲
c68 m90 y0 k0

牡丹色
c25 m91 y8 k0

紫棠
c78 m100 y54 k20

绀紫
c90 m92 y43 k3

葡萄色
c71 m89 y48 k12

紫草色
c81 m87 y40 k0

紫檀色
c62 m86 y88 k52

黛紫
c76 m82 y46 k8

水墨黑

黛色
c76 m61 y51 k6

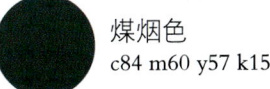
煤烟色
c84 m60 y57 k15

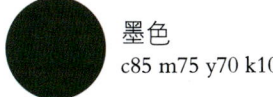
墨色
c85 m75 y70 k10

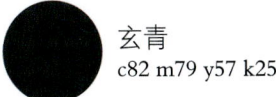
玄青
c82 m79 y57 k25

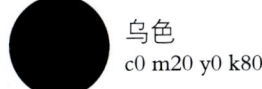
乌色
c0 m20 y0 k80

黝色
c66 m66 y61 k14

缁色
c69 m78 y73 k44

玄色
c65 m90 y95 k50

黧
c66 m64 y78 k25

皂色
c90 m85 y70 k70

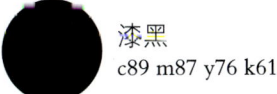
漆黑
c89 m87 y76 k61

玉脂白

茶白
c7 m1 y8 k0

雪白
c8 m0 y1 k0

月白
c15 m7 y7 k0

霜色
c11 m4 y3 k0

铅白
c10 m6 y3 k5

苍白
c22 m12 y10 k0

胡粉色
c7 m6 y3 k0

粉白
c7 m5 y6 k0

乳白
c1 m0 y22 k0

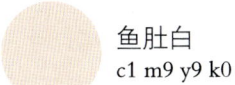
鱼肚白
c1 m9 y9 k0

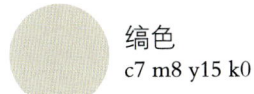
缟色
c7 m8 y15 k0

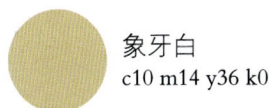
象牙白
c10 m14 y36 k0

长城灰

 浅灰
c22 m12 y10 k0

 苍色
c61 m43 y43 k0

 藕灰
c10 m0 y0 k50

 银鼠色
c43 m33 y30 k0

 铅色
c63 m52 y47 k0

 灰鼠色
c53 m43 y40 k0

 墨灰
c0 m0 y0 k75

黄金贵

 紫赤金色
c5 m31 y100 k0

 黄金色
c2 m20 y100 k0

 田赤金色
c13 m22 y60 k0

雪花银

 银色
c11 m10 y4 k0

 老银色
c30 m16 y22 k0

国粹图典 色彩